LinguaGEM

104

GÊNEROS ACADÊMICOS E LETRAMENTOS NO ENSINO SUPERIOR

BENEDITO GOMES BEZERRA

AMANDA CAVALCANTE DE OLIVEIRA LÊDO

parábola

Direção:	ANDRÉIA CUSTÓDIO
Preparação:	SILVANA COBUCCI LEITE
Revisão:	THIAGO ZILIO-PASSERINI
Capa e diagramação:	TELMA CUSTÓDIO

CIP-BRASIL. CATALOGAÇÃO NA PUBLICAÇÃO
SINDICATO NACIONAL DOS EDITORES DE LIVROS, RJ

B469g

Bezerra, Benedito Gomes, 1965-
Gêneros acadêmicos e letramentos no ensino superior / Benedito Gomes Bezerra, Amanda Cavalcante de Oliveira Lêdo. - 1. ed. - São Paulo : Parábola, 2025.
160 p. ; 23 cm. (Lingua(gem) ; 104)

Inclui bibliografia
ISBN 978-85-7934-403-9

1. Língua portuguesa - Estudo e ensino (Superior). 2. Redação acadêmica. 3. Letramento. I. Lêdo, Amanda Cavalcante de Oliveira. II. Título. III. Série.

25-101328.0 CDD: 808.066378
CDU: 81'42

Gabriela Faray Ferreira Lopes - Bibliotecária - CRB-7/6643

Direitos reservados à
PARÁBOLA EDITORIAL
Rua Dr. Mário Vicente, 394 - Ipiranga
04270-000 São Paulo, SP
[11] 5061-9262
www.parabolaeditorial.com.br
parabola@parabolaeditorial.com.br

ISBN: 978-85-7934-403-9
978-85-7934-404-6 (digital)

Sumário

Apresentação

Os estudos de letramentos acadêmicos ocupam hoje um merecido lugar de destaque na agenda das pesquisas em Linguística. Tornou-se comum a realização de eventos acadêmicos em torno da temática ou em que ela é contemplada de maneira importante. Programas de pós-graduação, grupos de pesquisa e laboratórios de linguagem se voltam para as práticas de leitura, escrita e oralidade acadêmicas em todo o país.

No âmbito do grupo de pesquisa Práticas Discursivas, Interação Social e Ensino (DISCENS), liderado por nós na Universidade de Pernambuco (UPE), os letramentos acadêmicos têm sido objeto de estudo e de pesquisas nos últimos quinze anos, resultando em diversas publicações, em especial conexão com as investigações sobre gêneros acadêmicos na graduação e na pós-graduação (especialização e mestrado). Mais recentemente, com a criação do grupo Gênero, Texto e Ensino (GETE) junto à Universidade Católica de Pernambuco (Unicap) e ao Programa de Pós-Graduação em Ciências da Linguagem, os estudos de letramentos na relação com os gêneros acadêmicos se ampliaram de forma considerável, abrangendo pesquisas tanto de mestrado como de doutorado, além do foco continuado na graduação.

Com a composição deste volume, oferecemos ao público, em um só lugar, uma pequena seleção dos trabalhos que temos desenvolvido em torno desses dois eixos: gêneros acadêmicos e práticas de letramentos. Nossa premissa é de que eles se complementam. Não podemos abordar letramentos de modo contextualizado, situado, sem levar em conta os gêneros mobilizados no processo. Inversamente, a investigação sobre a escrita e a leitura de textos em diferentes gêneros ganha um sentido mais realista se encaixada em práticas de letramento, envolvendo não apenas atividades com a linguagem, mas práticas sociais complexas.

Os sete capítulos incluídos no livro têm diferentes origens, que gostaríamos de registrar aqui, juntamente com uma breve descrição dos respectivos conteúdos e focos. O capítulo 1, "Escrever na universidade, (re)inventar a universidade", é um texto inédito, resultado de uma palestra ministrada *online*, ou uma *live*, naquelas ações típicas da famigerada pandemia de covid-19. É um texto leve, comunicativo, que deve funcionar bem como uma espécie de introdução a uma série de questões tratadas ao longo do livro. Nele, apontamos aspectos constitutivos da discussão sobre a escrita acadêmica, como a especificidade das áreas disciplinares, a singularidade da escrita acadêmica e a escrita como lugar de construção da identidade, entre outros.

O capítulo 2, "Letramentos acadêmicos na perspectiva dos gêneros textuais/discursivos", apresenta de maneira mais detalhada e conceitual nossa visada sobre os letramentos acadêmicos a partir do estudo de gêneros textuais atinentes às práticas de leitura e escrita na universidade. Aí se definem os modelos de letramento e de leitura e escrita no ensino superior sob os aportes dos novos estudos de letramento. O capítulo tem um componente aplicado, uma vez que relata uma pesquisa realizada em um curso de pós-graduação *lato sensu*, uma especialização voltada para professores e professoras da educação básica. Em sua versão anterior, o trabalho foi publicado no periódico *Fórum Linguístico* no ano de 2012.

De modo semelhante ao capítulo que o antecede, o capítulo 3, "Práticas e eventos de letramento na educação a distância", cumpre um duplo papel no livro. No plano teórico, foca em apresentar os conceitos basilares de práticas e eventos de letramento, cruciais para compreender a abordagem dos novos estudos de letramento. No plano aplicado, relata um estudo etnográfico no contexto da educação a distância, descrevendo os gêneros e as práticas e eventos de letramento vivenciados por estudantes de um curso de Letras. Foi publicado anteriormente nos anais de um evento dedicado a estudos de hipertexto.

No capítulo 4, "Pesquisa e ensino de língua na perspectiva dos letramentos: o caso do Profletras", apresentamos mais um estudo original e inédito, apresentado em mesa-redonda no I Congresso Nacional de Letramentos (COLES), realizado na Universidade Estadual do Piauí (UESPI), em outubro de 2024. Por meio deste capítulo, trazemos a lume um expressivo mapeamento de pesquisas desenvolvidas no Programa de Mestrado Profissional em Letras (Profletras), enfocando os estudos em que, para desenvolver ações em sala de aula do ensino fundamental, as mestrandas e mestrandos mobilizaram diferentes teorias de letramento. Além disso, buscamos identificar em que medida o conceito de gênero foi também utilizado nesses estudos.

No capítulo 5, intitulado "Letramentos, identidade e intertextualidade na escrita do artigo científico", nosso olhar se volta para a relação entre os letramentos acadêmicos e a construção discursiva da identidade de estudantes de graduação. Para fazer isso, analisamos como graduandos em Letras, ao produzirem artigos científicos, empreendem diálogos com as vozes de outros autores, para desse modo construírem seu próprio dizer. O conceito de intertextualidade é utilizado para identificar as diferentes formas de citação, alusão ou menção feitas pelos estudantes a autores que os precederam. Uma versão anterior desse capítulo foi publicada na revista *Linguagem em (Dis)curso* no ano de 2015.

O capítulo 6, "Leitura e escrita de gêneros acadêmicos no primeiro ano do curso de Letras" foi publicado em 2013 na descontinuada *Diálogos: Revista de Estudos Culturais e da Contemporaneidade*, cujos arquivos hoje se encontram indisponíveis. O capítulo reporta um interessante estudo etnográfico, desenvolvido ao longo de dois semestres e que consistiu na coleta e análise de textos em diferentes gêneros, produzidos por estudantes de Letras no primeiro e segundo semestre do curso. Além disso, esses estudantes foram ouvidos por meio de questionários, entrevistas e rodas de conversa com relação a sua experiência de produzir textos acadêmicos na universidade logo após sua saída do ensino médio. Nos dados, surgem questões como a orientação dada (ou não) pelos docentes para as atividades atribuídas, eventuais conflitos entre as orientações de diferentes professores, além das peculiaridades das práticas de letramento desenvolvidas na universidade, por contraste com aquelas que os estudantes vivenciaram na educação básica.

Encerrando o volume, no capítulo 7, "Gêneros acadêmicos em EaD: dificuldades dos estudantes com o fórum de discussão", o foco recai sobre esse que é um dos gêneros acadêmicos mais característicos de cursos em EaD. A principal questão levantada pelo estudo diz respeito à dificuldade encontrada pelos estudantes em utilizar o fórum para o fim que lhe foi designado: a interação com o professor ou professora e com os colegas. O uso do fórum para a mera entrega de conteúdos impessoais, às vezes, enviados sem nenhuma intervenção autoral do estudante, é uma das constatações do capítulo. Por sua vez, esse capítulo teve uma versão anterior publicada na revista *Hipertextus* em 2012.

Enfim, entregamos o livro em suas mãos, caro leitor, cara leitora! E essa entrega, registre-se, não seria possível sem o apoio do Programa de Fortalecimento Acadêmico (PFA) da Universidade de Pernambuco, que concedeu ao Grupo de Pesquisa DISCENS o fomento para ações como esta publicação.

Esperamos que o livro inspire olhares cada vez mais atentos às práticas de letramento desenvolvidas no meio acadêmico e particularmente nas salas de aula universitárias. Que ele nos lembre que escrever, ler e falar não se faz no vazio, mas de forma situada, em práticas sociais que envolvem relações de poder, conflitos de interesse e crenças de diversa ordem, mas que também envolvem, desejavelmente, a determinação de pesquisadores e pesquisadoras em fazer avançar conhecimentos sobre a linguagem que possam ser libertadores e emancipadores. Assim, que esses conhecimentos, por exemplo, ajudem a propiciar experiências produtivas, e não opressivas, ao estudante que "luta com palavras" (Drummond) em seu percurso na graduação e na pós-graduação. E que sigam assim em suas eventuais carreiras acadêmicas!

O AUTOR E A AUTORA

Capítulo 1

Escrever na universidade, (re)inventar a universidade

Palavras iniciais

Apesar da enorme e incontestável importância de que se revestiu a escrita no mundo contemporâneo, fazemos bem em lembrar, com Luiz Antônio Marcuschi, que o ser humano se define como um ser que fala e não como um ser que escreve. O saudoso linguista estimava que pelo menos noventa por cento do tempo da nossa vida nós passamos falando e não escrevendo. Lembrava ele que houve (e há) inúmeros povos que **nunca escreveram** em um sistema tradicional de escrita, seja pictográfica, ideográfica ou alfabética (silábica ou fonética), mas provavelmente não se conhece um povo que **tenha falado.**

Falar, portanto, é tão natural como aprender a andar. Escrever não é natural. Trata-se de uma artificialidade, de uma tecnologia e de uma habilidade culturalmente desenvolvidas. É provável que, na maioria das vezes em que alguém diz que "o português é muito difícil", essa pessoa se refira à escrita e não à fala. Como diria Drummond, o português são dois. O primeiro, diz o poeta, é

> A linguagem
> na ponta da língua,
> tão fácil de falar
> e de entender.

Já "o outro, mistério":

> A linguagem
> na superfície estrelada de letras,
> sabe lá o que ela quer dizer?

Quando se trata de escrita, o desafio é, no olhar poético de Drummond, ir "desmatando o amazonas de minha ignorância". Escrita é algo que se aprende.

Escrever demanda tempo, esforço, aprendizado. Escrever na academia demanda muito tempo, esforço e aprendizado: **escrever na universidade é (re)inventar a universidade.**

Relembremos a página lapidar de David Bartholomae:

> Cada vez que se senta para escrever para nós, o aluno tem que inventar a universidade para aquela circunstância — inventar a universidade ou uma ramificação dela, como História, Economia, Antropologia ou Letras [ou Enfermagem, Teologia, Pedagogia, Administração, Direito, Psicologia]. Ele tem que aprender a falar nossa linguagem, falar como falamos, experimentar formas específicas de conhecer, selecionar, avaliar, relatar, concluir e argumentar que definem o discurso de nossa comunidade (Bartholomae, 1985, p. 273).

Sim, o discurso acadêmico também é "misterioso" até mesmo dentro de uma área disciplinar específica, até mesmo para pesquisadores e escritores mais experientes. Escrever na e para a universidade é (re)inventar a universidade, por várias razões que discutimos em seguida.

1. Cada área disciplinar tem suas especificidades

E aí está a limitação, por exemplo, talvez da maioria dos manuais e das disciplinas de metodologia científica comumente ofertadas no primeiro ano dos cursos universitários: muitas vezes, apresentam e reproduzem modelos, normas e convenções das chamadas ciências exatas para alunos de humanidades, ou das humanidades para a saúde, em que as convenções são outras. Há uma tendência de generalização do que não se pode generalizar.

As especificidades existem até dentro das próprias áreas. Uma coisa é escrever como foneticista, outra é escrever como analista do discurso; uma coisa é categorizar o sagrado na linguagem da teologia bíblica, outra coisa, bastante diferente, é discorrer sobre o mesmo tema sob a ótica da teologia dogmática ou da sistemática.

Tome-se ao acaso um resumo acadêmico de linguística, um de história e um de educação, e veremos como as diferenças são significativas. Vejamos, primeiro, a linguística, em que o texto lança mão de movimentos retóricos mais consensuais entre as áreas disciplinares:

Figura 1 — Resumo acadêmico em Linguística

Este artigo tem como objetivo explicitar as principais propriedades dos planos de texto de quatro artigos científicos produzidos em áreas disciplinares distintas (Ciências vs. Ciências Sociais e Humanas/Humanidades), com vista a uma aplicação ao ensino de gêneros, no âmbito da promoção do letramento acadêmico e, mais especificamente, da didática dos gêneros.	Aponta **objetivo**
Privilegia-se o quadro teórico do Interacionismo Sociodiscursivo (Bronckart [1997] 1999, 2010), as propostas da escola de língua francesa da Linguística Textual (Adam 2001) e os princípios da Didática dos Gêneros (Schneuwly e Dolz 2004; Dolz e Gagnon 2008; Dolz 2011).	Apresenta **quadro teórico**
Para tal, foi adotada uma abordagem descendente, partindo do social para os textos e privilegiando uma metodologia de análise qualitativa de cunho descritivo, de acordo com a qual se procedeu à análise comparativa das propriedades de quatro exemplares do gênero artigo científico, inscritos em diferentes áreas de investigação.	Descreve **metodologia** (procedimentos, métodos, escopo da pesquisa)
Os dados obtidos mostram a grande flexibilidade do gênero artigo científico a nível do plano de texto,	Apresenta **conclusões**
sendo evidenciadas diversas adaptações em função da área de investigação em que cada texto é produzido.	Interpreta **resultados**

Fonte: Revista *Delta* (2019) — análise dos autores

Em seguida, a história, em que o autor valoriza mais a contextualização da pesquisa e as fontes do estudo, em detrimento de outras informações possíveis:

Figura 2 — Resumo acadêmico em história

A trajetória e o estabelecimento dos ilhéus açorianos na cidade do Rio de Janeiro ainda são pouco estudados. Apresentam características particulares dentro do universo de portugueses em solo carioca devido a sua peculiar situação social, econômica e geográfica, que criou especificidades que os tornam distintos dos demais emigrantes oriundos de outras regiões migratórias de Portugal. A emigração açoriana remete aos tempos coloniais, entretanto, teve aumento substancial para a cidade do Rio de Janeiro durante o século XX.	**Introduz/contextualiza** a pesquisa
O presente artigo procura levantar questões a respeito da inserção social dos açorianos na cidade do Rio por meio de suas atividades laborais. Inserção marcada pela transição das atividades rurais para comerciais.	Apresenta **objetivo**
Os desdobramentos do tema fundamentam-se nos trabalhos de Elis Angelo (2015) e Machado Pires (1978) para abordar a emigração açoriana. A respeito da ocupação comercial açoriana no espaço urbano do Rio de Janeiro, utilizaremos relatos orais da comunidade açoriana como fontes primárias, além dos artigos de Judite Evangelho (2012).	Apresenta **quadro teórico**

Fonte: Revista *História Oral* (2019) — análise dos autores

E, finalmente, a educação, privilegiando fortemente a conceituação em detrimento de um "desenho de pesquisa" mais claro.

Figura 3 – Resumo acadêmico em educação

No presente texto refletimos sobre as bases de uma pedagogia do mundo, a partir das convergências entre Paulo Freire e Hannah Arendt.	**Introduz** a pesquisa
Enfatizamos a concepção de pedagogia do homem apresentada por Freire (1987), a qual preconiza a formação de um indivíduo que, ciente de sua inconclusão, construa conhecimentos e assuma a condição de sujeito capaz de reverter o processo de desumanização, característico do tempo presente. Também buscamos inspiração nas ponderações de Arendt (1972) sobre a educação, em especial, no conceito de amor mundi, caracterizado como respeito pelo legado das gerações precedentes e no desejo de que o mundo se constitua no espaço de convivência livre e plural. Nessa perspectiva, a educação contribuiria para transformar as relações do homem com a cultura, na sociedade de massas, marcadas pelo consumo voraz.	Apresenta **conceitos teóricos**
Reunimos conceitos das obras Pedagogia do Oprimido (1987) e Pedagogia da Autonomia (1996), de Freire; A Condição Humana (2004) e Entre o Passado e o Futuro (1972), de Arendt	Indica **quadro teórico**
para esboçar uma ideia de pedagogia em que se afirme o compromisso com a preservação e a renovação do mundo.	Aponta **objetivo** (?)

Fonte: ***Anais*** **do IV ANPED SUL (2012) – análise dos autores**

Claro, é importante ressaltar que estas são apenas observações ilustrativas, *ad hoc*, e não podem embasar conclusões mais gerais. No entanto, elas sinalizam bem as diferenças de que estamos falando. Cada área tem suas peculiaridades. Mas escrever na universidade é (re)inventar a universidade também porque:

2. A escrita acadêmica tem suas especificidades

Um *blog* dedicado a pós-graduandos apresenta uma lista de "dez erros comuns na escrita científica" (https://posgraduando.com/dez-erros-comuns-na-redacao-cientifica/):

(1) linguagem pessoal
(2) sequência confusa
(3) frases longas
(4) palavras ambíguas
(5) personalização de seres inanimados
(6) repetição de palavras
(7) frases em ordem invertida
(8) cacofonia
(9) palavras inúteis
(10) [menção a] marcas comerciais.

Afortunadamente, por um lado, e desastrosamente, por outro, o *blog* alerta que "estas dicas são válidas para trabalhos relacionados às **ciências experimentais**. As ciências sociais possuem um estilo completamente diferente". Ou seja, reconhece as peculiaridades das grandes áreas do conhecimento.

Dizemos "afortunadamente" porque, realmente, "erros" como usar "linguagem pessoal" (escrever na primeira pessoa e não na terceira do singular ou na primeira do plural) não são erros do nosso ponto de vista nem do ponto de vista de pesquisadores ou de áreas que valorizam a construção social da identidade, que, aliás, se dá de forma privilegiada por meio do discurso, ou seja, por meio da fala e da escrita. Um aspecto dessa construção da identidade é precisamente a escolha da pessoa gramatical a ser utilizada.

Mas também dizemos "desastrosamente", porque a lista destaca "erros" que, de fato, devem ser evitados, não apenas nas "ciências experimentais". Por exemplo, as frases demasiadamente longas são o tormento de todo(a) professor(a) ou orientador(a). Quando escrevemos um parágrafo inteiro, digamos, de dez linhas, composto de um período só, entremeado de apostos, retificações, explicações ou orações subordinadas, temos tudo para perder a linha do raciocínio na metade dele.

A esse respeito, tomamos a liberdade de mencionar um comentário jocoso que ouvimos há muito tempo, em algum lugar, que dizia mais ou menos o seguinte: quando alguém escreve essas frases longas demais, na hora, só ele e Deus sabem o que ele quis dizer; depois de algum tempo, nem ele nem Deus sabem mais.

Outro exemplo é a "personificação de seres inanimados". Cedo aprendemos em nossa carreira acadêmica que artigos não discutem nem mostram coisa nenhuma. Quem discute, mostra, argumenta, apresenta, somos nós, os autores do texto. Claro, esse aspecto também é crucial para a construção de nossa identidade como escritores do texto acadêmico. Contudo, há toda uma tradição de escrita científica que "personifica" a pesquisa ou o texto, a fim de apagar a presença do pesquisador ou pesquisadora.

Sim, a escrita acadêmica tem especificidades que devem ser conhecidas para que se tenha sucesso na (re)invenção da universidade. Outro aspecto dessa (re)invenção é:

3. A escrita acadêmica é lugar de tensão entre convenção e inovação

Vimos que a escrita acadêmica varia entre áreas disciplinares, além de obedecer a normas próprias em relação à escrita em outros contextos. O estudo da escrita acadêmica é, portanto, contextual e se baseia fortemente em convenções estabelecidas.

Entretanto, a inovação, embora incomum, é uma possibilidade importante e, até certo ponto, requerida na escrita acadêmica. O estudante ideal, aparentemente, não apenas mimetizaria a maneira de escrever de seus professores, como quer Bartholomae (1985), mas também desenvolveria um estilo, um modo próprio de usar o discurso acadêmico, ou encontraria algum tipo de solução "original" para os problemas com que se depara. O escritor acadêmico proficiente pode inovar na forma ou no conteúdo, ou em ambos.

Berkenkotter e Huckin (1995) já argumentavam que os cientistas mais renomados selecionam suas leituras procurando por trabalhos que lhes tragam algo com "valor notícia". Procuram pelo novo e pelo relevante. Entretanto, o novo ou o inovador na escrita científica não são apenas uma questão de mérito intrínseco do texto e consequentemente do seu autor. Christine Tardy (2016) mostra que o texto acadêmico é inovador ou não, dependendo de quem o recebe e não apenas de quem o escreve. Em síntese, estudos sobre inovação na escrita acadêmica sugerem que o mesmo texto de um aluno pode ser considerado inovador ou desviante, segundo o avaliador.

(Re)inventar a universidade escrevendo na universidade, por conseguinte, envolve atender a convenções disciplinares, mas, ao mesmo tempo, fugir da mera imitação e do cumprimento mecânico de tais convenções. Por outro lado, envolve também mostrar alguma criatividade, seja no conteúdo, seja na forma, mas sem perder de vista as convenções. No fim das contas, o fato é que o sucesso do aluno em ser inovador ou criativo não depende apenas dele, mas também do julgamento de seus orientadores e professores, que são os guardiões (*gatekeepers*) mais imediatos, a autorizar ou negar sua admissão na comunidade discursiva acadêmica.

Entretanto, como aprender a escrever a ponto de desenvolver a capacidade de desafiar as convenções e ainda assim ser bem-sucedido? (Re)inventar a universidade não é simples, também porque:

4. A escrita acadêmica navega entre as expectativas da "boa escrita" e a falta de seu ensino sistemático

Se apropriar das novas práticas de escrita no contexto universitário não é simples para os estudantes. Não é porque conseguiram os pontos suficientes no ENEM para ingressar no curso superior que os alunos estão prontos para toda e qualquer tarefa de escrita posta pela universidade. As novas práticas de escrita (novas em relação ao Ensino Médio) com que se depara o estudante na universidade são práticas complexas que envolvem a orientação do aluno para o desenvolvimento de múltiplas habilidades, numa complexa inter-relação entre aspectos linguísticos, cognitivos e socioculturais (Bezerra; Lêdo, 2018). Trata-se de se adaptar "a novas formas de saber: novas maneiras de compreender, interpretar e organizar o conhecimento" (Lea; Street, 1998, p. 157).

Ainda assim, chama a atenção o fato de que, por mais importante e desejável que seja essa adaptação do aluno à escrita acadêmica, nem sempre se reserva espaço e tempo específicos para o seu ensino no currículo dos diversos cursos de graduação e de pós-graduação. Aliás, a escrita acadêmica tem essa particularidade de que muito do que escrevemos na academia jamais nos foi ensinado. É provável que nenhum de nós se lembre, por exemplo, de que alguém jamais lhe tenha ensinado como se faz um resumo escolar, ou um resumo acadêmico, ou uma resenha ou um artigo científico, ainda que tivesse de produzir esses gêneros de texto muitas vezes na vida. Pode muito bem acontecer que acabemos descobrindo algum minicurso, alguma oficina, alguma disciplina eletiva ou algum professor mais cuidadoso que trate de ensinar esses gêneros, mas também é muito provável que isso só ocorra depois de algum tempo desde a primeira vez que tivemos de produzi-los.

Parece que, na maioria das vezes, simplesmente pressupomos que, se o aluno está na universidade, podemos determinar que ele escreva coisas da universidade e ele o fará de um jeito ou de outro. Lembremos ainda que por toda a carreira acadêmica produziremos textos em gêneros que John Swales chamou de "oclusos" ou "de suporte", pouco visíveis a um público mais amplo, mas nem por isso menos relevantes em nossas atividades acadêmicas: escrevemos pareceres para artigos submetidos a periódicos, por exemplo, sem que nunca alguém tenha nos ensinado como se faz um parecer. De modo parcialmente semelhante, é possível que exijamos do aluno que faça um fichamento sem que ele tenha a menor noção do que seria isso. Esperamos que ele faça bem a sua tarefa, mesmo que lhe falte o ensino explícito de como se desincumbir dela.

Para que se facilite a tarefa de (re)invenção da universidade, é relevante lembrar:

5. A escrita acadêmica tem contexto: letramentos acadêmicos e gêneros textuais

"Escrita acadêmica" é um termo vago, contextualmente difuso. Vago e difuso porque, na universidade e no contexto acadêmico em geral, se escreve muito, e se escreve muita coisa diferente. Dois conceitos são importantes aqui: letramentos e gênero.

Primeiro, na perspectiva dos letramentos acadêmicos, entendemos que o aluno, para ser bem-sucedido em suas tarefas de escrita na universidade, ou seja, para (re)inventar a universidade, não precisa apenas dominar certas habilidades gerais com a língua, tais como escrever sem problemas ortográficos ou ainda evitar infringir regras das normas cultas ou da norma-padrão (esses dois conceitos demandariam maior reflexão, mas esse não é nosso propósito aqui). Nem basta que os professores contribuam para a socialização do aluno e para o desvendamento dos "mistérios" da escrita acadêmica de que falou Bartholomae (1985). Escrever na universidade de modo a (re)inventar a universidade é entender que essa (re)invenção envolve negociação e até conflitos, envolve relações de poder, embates entre crenças e valores, enfim, trata-se de um processo de construção da própria identidade por meio da escrita e do discurso.

Nesse ponto, entra em cena o conceito que faz toda a diferença: a noção de gênero (textual/discursivo/da linguagem). O gênero é um conceito poderosamente contextualizador da escrita acadêmica. À noção de gênero se agregam não só as qualidades gerais requeridas ou imaginadas para o conceito vago de "texto" (digamos, por exemplo, concisão, clareza), mas aspectos específicos que abrangem desde a estruturação do texto até questões de conteúdo, de estilo e, mais que isso, de adequação ao interlocutor, à situação comunicativa e às exigências retóricas ou discursivas.

Por exemplo, é fato que tanto o resumo como a resenha são "textos acadêmicos" e "escrita acadêmica". Porém, o que os diferencia efetivamente é que representam diferentes gêneros. Como gêneros, eles nos permitem realizar diferentes formas de ação social e atendem a distintos propósitos comunicativos. Um resumo acadêmico nos permite realizar certas ações em relação ao artigo científico, ou ao TCC, ou à tese, que a resenha não pode realizar. Por outro lado, não podemos usar um resumo acadêmico para avaliar um livro recém-publicado.

O gênero, como diria Charles Bazerman, organiza nossa vida e nossas atividades do ponto de vista comunicativo e interacional. A (re)invenção da universidade por meio da escrita acadêmica é uma tarefa mais viável, porque menos generalizante e abstrata, sob a ótica dos gêneros. Além disso, é necessário entender que:

6. A escrita acadêmica é cíclica: planejamento, execução, relato, publicação

A escrita acadêmica pressupõe uma série de etapas para ser efetivamente realizada. Não se começa a escrever um trabalho científico do nada. Pelo contrário, a escrita de um artigo científico, ou de um trabalho de conclusão de curso superior, ou de uma dissertação de mestrado, ou ainda de uma tese de doutorado implica a prévia realização de algumas etapas, que incluem planejamento e muito, muito estudo e pesquisa. Não é diferente com os trabalhos solicitados pelos professores ao longo do curso, nas diversas disciplinas. Sem planejamento, estudo e pesquisa, não é possível escrever com propriedade e com qualidade. Claro, planejamento, estudo e pesquisa acadêmica não se fazem sem muita leitura antes e durante todo o processo.

Em suma, não se começa a produção científica pela escrita e sim pelo planejamento da pesquisa. É preciso saber o que dizer, saber como dizer e ter o que dizer, antes de escrever. O estudo e a pesquisa, portanto, precedem e dão origem à escrita dos diversos trabalhos solicitados e valorizados no ambiente universitário e no contexto acadêmico de forma mais ampla.

Porém, quais são exatamente as etapas definidoras da produção científica? Qual é a sequência necessária para que tanto o estudante que se inicia na produção científica, como o pesquisador mais experiente tenham sucesso e aceitação no seu trabalho?

Figura 4 — Ciclo da produção científica

Fonte: Elaboração dos autores

Como mostra a figura 4, a produção científica escrita que afinal tomamos em nossas mãos para ler, ou que visualizamos numa tela eletrônica, é o resultado das etapas de planejamento, execução, relato ou registro e, finalmente, publicação da pesquisa.

Cada etapa requer a tradução da "escrita acadêmica" em gêneros específicos: usamos, por exemplo, o projeto de pesquisa para planejar, o fichamento para executar, o artigo científico para relatar/registrar e novamente o artigo científico para publicar os resultados da pesquisa.

Por tudo isso, escrever na universidade, (re)inventar a universidade, não é apenas uma questão de reunir ideias na "superfície estrelada de letras". Escrever é construir a própria identidade.

7. A escrita acadêmica é lugar de construção da identidade

Adotamos aqui a tese defendida por Roz Ivanič (1998), para quem a escrita é um "ato de identidade" por meio do qual as pessoas se alinham a possibilidades socioculturalmente delineadas de estar no mundo, reproduzindo ou contestando valores, crenças e interesses característicos de práticas e discursos dominantes. É particularmente o caso dos estudantes de cursos de graduação, que, ao ingressarem no novo mundo da universidade, "provavelmente descobrirão que seus discursos e práticas [da universidade] dão suporte a identidades diferentes daquelas que eles trazem consigo" (Ivanič, 1998, p. 33).

A construção da identidade por meio da escrita acadêmica se dá como parte do que anteriormente chamamos de letramentos acadêmicos. Trata-se, tanto a construção da identidade como os letramentos acadêmicos, de processos contínuos de contínuos letramentos e não da "aquisição" de um letramento pontual, se é que algo assim existe. De igual modo, se trata de uma construção contínua, flexível e cambiante da própria identidade e não da manifestação de uma identidade estática, imutável, essencialista.

Os estudantes universitários enfrentam o desafio de construir um novo aspecto de sua identidade assumindo-se como membros da comunidade acadêmica. Para isso, precisam lidar com valores que eventualmente entrarão em conflito com outros elementos da identidade que já assumem ao ingressar na universidade.

O envolvimento constante e crescente do aluno com a escrita dos gêneros mais valorizados na universidade, ou seja, sua inserção nas práticas e eventos de letramento que constituem o discurso acadêmico, será um fator decisivo para a construção da sua identidade como participante legítimo e legitimado do ambiente acadêmico.

Uma característica central da escrita acadêmica, nesse sentido, é a necessária caminhada do estudante em busca de uma "voz" pessoal no texto científico. A questão crucial para os estudantes diz respeito à manutenção das fronteiras entre o que a academia considera como intertextualidade, isto é, o uso adequado dos textos de terceiros, documentado através dos vários tipos de citação e correspondente referenciação bibliográfica, e o plágio, visto como a apropriação dos textos alheios sem conceder aos autores os devidos créditos, conforme determina a ética do discurso acadêmico.

É nesse diálogo com as vozes de terceiros que o estudante é desafiado a construir e a fazer ouvir a sua própria voz por meio da escrita acadêmica.

Palavras finais

Recorremos novamente ao trabalho de David Bartholomae (1985, p. 408) para encerrar as reflexões de abertura deste livro: "Quando os alunos escrevem para um professor [e para a universidade e a academia em geral], a escrita se torna mais problemática do que se eles estivessem explicando beisebol para um marciano".

Na hipotética situação de explicar beisebol (ou, quem sabe, futebol) a um marciano, os alunos teriam a vantagem de conhecer as regras do jogo, ao contrário de seu interlocutor. Diante da tarefa de escrever para professores e para a universidade, o aluno não tem esse tipo de privilégio.

Duas questões finais seriam, então: o que podemos fazer, como participantes experimentados da comunidade acadêmica, para cumprir nosso papel de apoiar os estudantes nessa tarefa tão árdua? E o que os próprios alunos podem fazer para assumir o esperado protagonismo e construir a desejada identidade de participantes legitimados da comunidade acadêmica e universitária via escrita acadêmica? A busca por respostas para essas perguntas define muito do que somos chamados a ser e a fazer na universidade.

Capítulo 2
Letramentos acadêmicos na perspectiva dos gêneros textuais/discursivos

Palavras iniciais

Diversos estudos sobre os letramentos no ensino superior, voltados para cursos de graduação ou para a pós-graduação *lato* e *stricto sensu*, dão conta de que, como dito no capítulo anterior, não é simples para os estudantes se apropriarem de novas práticas de leitura e escrita tão somente pelo fato de haverem sido promovidos a esses níveis de ensino. E isso porque essas práticas são complexas e envolvem a orientação do aluno para o desenvolvimento de múltiplas competências, numa complexa inter-relação entre aspectos linguísticos, cognitivos e socioculturais.

Na concepção de Lea e Street, filiados aos assim chamados novos estudos de letramento, "a aprendizagem no ensino superior implica a adaptação a novas formas de saber: novas maneiras de compreender, interpretar e organizar o conhecimento" (1998, p. 157). Essas novas maneiras não estão dadas no aparato cognitivo do aluno, nem são adquiridas automaticamente no contato com o mundo acadêmico. Ainda assim, chama a atenção o fato de que, por mais importante que essa nova forma de conhecer se apresente para a academia, por mais que envolva a produção e a recepção de gêneros textuais bastante complexos e específicos do contexto acadêmico, tudo indica que nem sempre se reserva espaço e tempo específicos para o seu ensino no currículo dos diversos cursos.

Embora não seja garantido aos alunos o ensino explícito das questões que envolvem os letramentos acadêmicos, representadas, por exemplo, pela capacidade de lidar com novos gêneros textuais, o domínio desses gêneros, conforme atesta Hoffnagel, "é considerado pelos professores como importante para que o aluno possa ter êxito não só no curso, mas na sua vida profissional" (2010, p. 278).

Como vimos, a tarefa com que se deparam os estudantes em suas práticas de leitura e escrita na universidade é descrita por Bartholomae nos seguintes termos:

> Cada vez que se senta para escrever para nós, o aluno tem que inventar a universidade para aquela circunstância — inventar a universidade, ou seja, uma ramificação dela, como História, Economia, Antropologia ou Inglês. Ele tem que aprender a falar nossa linguagem, falar como falamos, experimentar formas específicas de saber, selecionar, avaliar, relatar, concluir e argumentar que definem o discurso de nossa comunidade (1985, p. 273).

Embora já bastante complexa, essa primeira caracterização descreve o problema de forma ainda otimista. Na continuação de seu argumento, o autor pondera ainda que, na verdade, os alunos são forçados a lidar com *diversos*, e não apenas com um único discurso, ao escrever e ler no âmbito de determinada disciplina na universidade. De fato, segundo Bartholomae, o aluno "precisa atuar em campos cujas normas reguladoras da apresentação de exemplos ou do desenvolvimento de uma argumentação são, até mesmo para o profissional, ao mesmo tempo distintas e misteriosas" (p. 273). Ao ingressar na universidade ou ao mover-se, dentro dela, da graduação para a pós-graduação, o aluno tipicamente necessita da assistência de seus professores para ajudá-lo a compreender e bem lidar com essas normas "misteriosas".

Assim é que, segundo defende Johns (1997, p. 20), os professores universitários deveriam se perguntar:

> Qual é o nosso papel em ajudar os alunos a resolver os "mistérios" acadêmicos? Que podemos fazer para tornar as tarefas ligadas aos letramentos acadêmicos mais fáceis de resolver? Como podemos ajudá-los

a "inventar" textos de forma adequada e pessoalmente satisfatória em contextos acadêmicos?

Que esse não é um problema apenas de graduandos, atesta o trabalho de Figueiredo e Bonini (2006, p. 413), ao se reportar à "dificuldade de muitos mestrandos em ingressar no discurso acadêmico em termos práticos". Citando como exemplo o artigo de pesquisa, os autores afirmam que muitos de seus alunos "mostram pouca (ou nenhuma) familiaridade com e capacidade de utilização eficiente dos gêneros do discurso científico", embora tenham conseguido ingressar em um programa de pós-graduação *stricto sensu*.

Também de acordo com os trabalhos de Swales (1990, 2004), o sucesso dos estudantes em cursos de pós-graduação, bem como na carreira acadêmica como tal, depende amplamente de sua capacidade de ler/compreender e produzir os gêneros textuais requeridos por esse ambiente, quer sejam eles gêneros mais públicos e prestigiados ou os chamados gêneros oclusos (*occluded genres*).

Considerando essa questão, no presente estudo, tivemos como objetivo investigar até que ponto um curso de especialização (pós-graduação *lato sensu*) em língua portuguesa, em que os estudantes necessariamente travam contato com gêneros textuais típicos do ambiente universitário, contribui de modo específico para os letramentos dos estudantes em gêneros acadêmicos. Buscamos ainda discutir a relação entre a expectativa dos alunos que, ao ingressarem no curso, frequentemente manifestam o desejo de se prepararem para o mestrado ou ainda de consolidar os conhecimentos adquiridos na graduação e assim incrementar sua prática como professores, e a capacidade efetivamente adquirida de produzir e compreender gêneros acadêmicos tais como resumos, resenhas, projetos de pesquisa e monografia, entre outros.

1. Cenário da pesquisa e aspectos metodológicos

O curso referido neste estudo foi ofertado pela Universidade de Pernambuco (UPE) entre os anos de 2008 e 2010, em três turmas que funcionaram respectivamente nas cidades de Caruaru, Garanhuns e Salgueiro, e teve como público principal professores de língua portuguesa, egressos da própria UPE ou de outras instituições, em geral localizadas no interior dos Estados de Pernambuco e de Alagoas. Organizado em uma estrutura modular, o curso teve suas aulas funcionando em finais de semana alternados por um período de nove meses, após os quais se seguiu um período de orientação de quatro meses, finalizando-se o processo com a apresentação pública das monografias de conclusão diante de uma banca constituída pelo orientador e por um professor examinador.

Na tentativa de responder às indagações que nortearam a pesquisa, dois procedimentos foram privilegiados. Primeiramente, foi solicitado aos alunos que respondessem a um questionário, com questões centralmente relativas à experiência que tiveram, ao longo do curso, com práticas de escrita e leitura envolvendo diversos gêneros textuais. Para os fins deste volume, selecionamos para análise uma amostra de 15 questionários provenientes das três turmas.

O segundo procedimento consistiu na coleta e análise de um *corpus* de 10 projetos de pesquisa, representados pelos respectivos e consequentes rascunhos da monografia de conclusão do curso então em construção. Nessa etapa de análise textual, procuramos acompanhar e identificar, tomando como exemplo o projeto de monografia e a própria monografia de conclusão do curso, as dificuldades eventualmente manifestas nos textos dos alunos durante o processo de construção de seus trabalhos nesses gêneros.

Para fundamentar a pesquisa, adotamos a abordagem dos novos estudos de letramento, especialmente no que diz respeito às perspectivas possíveis para o tratamento da escrita (e da leitura) do estudante no ensino superior (Lea; Street, 1998, 2006), e enfocamos a questão dos letramentos acadêmicos a partir da categoria de gênero (textual/discursivo) conforme desenvolvida por Johns (1997), seguindo a perspectiva da linguística aplicada, associada à obra de John Swales (1990, 2004), sem necessariamente limitar-se a ela.

2. Modelos básicos de letramento e leitura/escrita dos alunos no ensino superior

Ao definir e optar pelo termo *letramento*, Johns (1997, p. 2) argumenta que ele tem a vantagem de ser mais inclusivo do que a simples expressão "leitura e escrita". Na concepção da autora, o conceito de letramento abrange "modos de conhecer determinados conteúdos, linguagens e práticas" e se refere a "estratégias para a compreensão, discussão, organização e produção de textos", além de se mostrar indissociável do contexto social "em que o discurso é produzido e dos papéis e comunidades a que pertencem leitores e produtores de textos". Como tal, a noção de letramento ainda engloba "tanto os processos como os produtos da aprendizagem, tanto a forma como o conteúdo e os papéis e propósitos tanto de leitores como de produtores de textos". Assim, conforme descreve a pesquisadora, o termo letramento se mostra evidentemente complexo e eventualmente problemático, uma vez que se procura "integrar em um só conceito as numerosas e variadas influências sociais, históricas e cognitivas que pesam sobre leitores e escritores em sua tentativa de processar e produzir textos".

Um aspecto da complexidade da noção de letramento é que, de fato, estamos falando de múltiplos letramentos, e não de um letramento único e universal. Conforme Johns (1997, p. 3), se desejamos discutir letramento, "então o termo deve ser pluralizado ('letramentos'), pois existem diversos letramentos, especialmente em contextos acadêmicos, [e esses letramentos são] adquiridos de diferentes maneiras e para diferentes fins". Por exemplo, não é comum lidarmos com textos literários e com textos da área de engenharia com idêntica desenvoltura. Os letramentos, portanto, são complexos e decididamente plurais.

Na concepção de Street (1984), há dois modelos básicos de letramento: o modelo autônomo e o ideológico. No modelo autônomo, pressupõe-se que o mero domínio das habilidades de ler e escrever são suficientes para habilitar uma pessoa a resolver satisfatoriamente todas as situações de interação e comunicação postas por uma sociedade letrada. De acordo com Russell *et al.* (2009), o modelo autônomo concebe o letramento como uma habilidade descontextualizada, singular, passível de ser transferida de um contexto para outro sem grandes dificuldades. Em contraste, o modelo ideológico põe em relevo "a natureza contextual e social das práticas de letramento e as relações de poder e autoridade que estão subentendidas em qualquer evento de letramento" (Russell *et al.*, 2009, p. 399).

Conforme Marcuschi (2001, p. 2), a adesão a uma concepção como o modelo ideológico de letramento é parcialmente inevitável, pois hoje não seria mais possível investigar questões relativas às práticas da leitura e da escrita na sociedade "permanecendo apenas no aspecto linguístico sem uma perspectiva crítica, uma abordagem etnograficamente situada e uma inserção cultural das questões nos domínios discursivos". O modelo ideológico tem a vantagem de dedicar mais atenção ao "papel das práticas de letramento na reprodução ou na ameaça das estruturas de poder na sociedade" (p. 4).

Apesar de endossar parcialmente o modelo ideológico de letramento, especialmente por permitir um questionamento da tese da autonomia e supremacia da escrita sobre a fala, ou do letramento sobre a oralidade, Marcuschi (2001) se mostra cauteloso com os "fortes apelos ideológicos" da proposta e evita concordar com a "Escola de Lancaster"[1] em tratar o letramento como uma questão apenas social e política. Para o autor, o modelo adequado para abordar os problemas do letramento poderia ser assim delineado:

> É o que parte da observação das relações entre a oralidade e o letramento na perspectiva do contínuo das práticas sociais e atividades comunicativas, envolvendo parcialmente o modelo ideológico (em especial o aspecto da inserção da fala e da escrita no contexto da cultura e da vida social) e observando a organização das formas linguísticas no contínuo dos gêneros textuais (Marcuschi, 2001, p. 4).

Essa concepção se mostraria flexível o bastante tanto para evitar uma concentração dos estudos nas formas linguísticas, afastan-

[1] Referência a Brian Street e autores alinhados com os novos estudos de letramento.

do-se do modelo autônomo do letramento, como para não reduzir os estudos de letramentos aos aspectos ideológicos, desprezando-se o papel da linguagem. Em suma, Marcuschi postula uma visão que não se apoia em "modelos estratificados e alienados da realidade sociocomunicativa" (2001, p. 4), que justifiquem um foco exclusivo nas estruturas linguísticas ou que se concentrem apenas nas questões sociais. Não implica realmente a negação do modelo ideológico (por outro lado, sim, implica uma rejeição do modelo autônomo), mas garante uma abordagem dos letramentos em que se reserva um lugar privilegiado para a consideração da relação fala e escrita como práticas sociodiscursivas complexas, que devem ser observadas na perspectiva do contínuo dos gêneros textuais/discursivos orais e escritos.

Contudo, em direção contrária às considerações de Marcuschi, um olhar para os atuais estudos do letramento, inclusive no ambiente acadêmico, provavelmente revelaria que a escrita ainda mantém o *status* de objeto privilegiado de investigação e ensino, com pouca atenção à fala ou à relação fala e escrita. Por sua vez, a escrita tem sido tratada muito mais da perspectiva da produção textual do que da leitura e compreensão. É o que revela, por exemplo, o estudo de Dionísio e Fischer (2010), discutido adiante.

3. Abordagens da leitura/escrita de estudantes no ensino superior

No âmbito dos novos estudos de letramento, o alinhamento com a perspectiva do modelo ideológico conduz a uma visão da escrita no ensino superior baseada em três abordagens que tanto se opõem como se complementam. Essas abordagens ou modelos foram identificados por Lea e Street (1998) com base em pesquisa realizada em dois contextos universitários distintos. Conforme os autores, as abordagens da escrita estudantil correntes no ensino superior são as seguintes: o modelo das habilidades de estudo, da socialização acadêmica e dos letramentos acadêmicos.

O primeiro modelo, das habilidades de estudo, se concentra nos aspectos formais da escrita do aluno, uma vez que o domínio das questões estruturais é visto como caminho para a aquisição da capacidade de produzir satisfatoriamente os diversos gêneros acadêmicos. Não há, nessa abordagem, nenhum destaque para os aspectos sociais envolvidos no processo de escrita nem mesmo para as peculiaridades da escrita em cada campo disciplinar, e sim para traços formais como a estrutura gramatical e a pontuação, por exemplo. Conforme Lea e Street (2006, p. 228), o modelo está implicitamente ligado a teorias de aprendizagem "preocupadas com a transmissão do conhecimento". Entre essas teorias, os autores citam o behaviorismo como uma das bases teóricas para o modelo das habilidades de estudo.

Já o modelo da socialização acadêmica se mostra bem mais sensível à complexidade dos desafios enfrentados pelos estudantes quando se veem diante da necessidade de produzir textos no ambiente acadêmico. Nessa abordagem, acredita-se que a exposição do aluno aos diversos gêneros acadêmicos, mediada pelo professor, é um dos caminhos para resolver os problemas do letramento na academia. A abordagem da socialização acadêmica, descrita por Lea e Street (2006) como associada a áreas tais como a sociolinguística, a análise do discurso e a teoria de gêneros, reconhece e ressalta o fato de que o conhecimento é construído de diferentes formas e através de diferentes gêneros textuais/discursivos nos diversos campos disciplinares. Apesar de reconhecer a importância dos fatores contextuais e sociais que envolvem a apropriação da escrita pelo estudante, "essa abordagem tende a tratar a escrita como um meio de representação transparente" (Lea; Street, 1998, p. 158) e, desse modo, deixa de considerar as questões mais profundas implicadas na produção e recepção de gêneros acadêmicos.

Finalmente, o modelo dos letramentos acadêmicos encara a escrita do aluno como uma prática social complexa, que requer dos estudantes mais do que o domínio de habilidades de estudo ou a socialização no ambiente acadêmico. Essa abordagem leva em consideração os modelos anteriores e acrescenta a eles uma "atenção especial às relações de poder, autoridade, produção de sentidos e identidade que estão implícitas no uso de práticas de letramento em contextos institucionais específicos" (Lea; Street, 2006, p. 229). O modelo, portanto, se alinha a uma forma bastante crítica do conceito de letramento ideológico, propondo-se ir além do ensino de habilidades formais de escrita e questionando a validade da simples aculturação dos estudantes no ambiente universitário, conforme proposta da abordagem da socialização acadêmica.

Como se percebe, e segundo ressaltam Lea e Street (1998), as três abordagens mencionadas não precisam, não devem, ser vistas como autoexcludentes. De fato, a abordagem dos letramentos acadêmicos, longe de rejeitar a validade das habilidades de estudo e da socialização acadêmica como tais, procura incorporá-las em uma concepção mais abrangente, centrada na noção de escrita como prática social complexa. Assim, ao mesmo tempo em que absorve o melhor dos dois modelos anteriores, a abordagem dos letramentos acadêmicos é tida como "a mais apta para dar conta da natureza da escrita dos estudantes na relação com práticas institucionais, relações de poder e identidades, em suma, para considerar a complexidade da produção de sentido" (Russell *et al.*, 2009, p. 400).

4. O lugar dos gêneros na perspectiva dos letramentos acadêmicos

No contexto atual da pesquisa sobre leitura e escrita, a categoria de gêneros textuais/discursivos necessariamente se impõe como um conceito central, qualquer que seja a teoria ou modelo analítico adotado. Conforme Russell *et al.* (2009), o conceito de gêneros está implícito em cada um dos modelos propostos para abordar a escrita dos estudantes no ensino superior. O que muda é a perspectiva pela qual os gêneros são conceituados em cada caso.

No modelo das habilidades de estudo, os gêneros são considerados a partir dos traços formais e superficiais de sua realização em textos. No modelo da socialização acadêmica, ressaltam-se as singularidades dos gêneros conforme praticados em diferentes culturas disciplinares, com suas práticas, normas e crenças particulares. É importante, assim, observar como certo gênero, o artigo científico, por exemplo, é produzido por "acadêmicos de uma determinada comunidade disciplinar" (Russell *et al.*, 2009, p. 405). A perspectiva dos letramentos acadêmicos, por sua vez, "se alinha com uma visão de gênero como prática social, e não com o conhecimento de gêneros em termos da comunicação disciplinar em si, embora esta seja, por sua própria natureza, essencial para uma perspectiva de prática social" (p. 405).

Na concepção de Lea e Street (2006, p. 229), um dos aspectos relevantes do modelo de letramentos acadêmicos consiste precisamente em enfatizar a importância do ensino explícito das "mudanças de gêneros e modos à medida que os alunos realizam trabalhos em grupo, expressão oral, tomada de notas, apresentações, escrita mais formal, etc.". Para os autores, a relação entre práticas culturais e gêneros deve ser identificada e ressaltada no processo de letramento.

O conhecimento dos gêneros, dentro de uma perspectiva da escrita e leitura como práticas sociais, é capaz de "ajudar os alunos a desenvolverem uma rica compreensão dos textos que lhes serão úteis durante sua vida acadêmica e profissional" (Johns, 1997, p. 21). Para Johns, o conhecimento individual dos gêneros é tanto complexo como dicotômico, uma vez que se assenta em aspectos cognitivos (conhecimentos prévios, esquemas) e sociais (compartilhados com outros leitores e escritores) e se caracteriza como retoricamente recorrente (Miller, 2009) e dinâmico (Berkenkotter; Huckin, 1995), mas também como sistemático e convencional (Bhatia, 1993).

De acordo com Johns (1997), o conhecimento de gênero inclui saberes compartilhados sobre nomes de gêneros, propósitos comunicativos, papéis de leitores e escritores, contextos, convenções formais, conteúdos, registros, valores culturais e intertextualidade. Exemplificando a importância desses saberes e de sua construção social, uma questão apresentada pela autora provavelmente soará familiar para muitos de nós que lidamos com alunos no ensino superior, além de possivelmente nos fazer lembrar nossa própria experiência discente:

Alguns gêneros, particularmente em contextos pedagógicos, são nomeados de modo vago e quase casual. Por exemplo, quando um professor exige um "trabalho de pesquisa", é difícil, para os alunos, determinar apenas pelo nome o que está sendo exigido (Johns, 1997, p. 23).

Considerando-se ainda as costumeiras e inevitáveis variações disciplinares, a indefinição em torno dos nomes e dos respectivos significados de muitos gêneros "pedagógicos" requeridos no ambiente acadêmico reflete-se no habitual questionamento dos alunos, seguindo-se à comunicação, por parte do professor, de que devem executar alguma tarefa e produzir algum texto: "Como é que o senhor quer [o trabalho]?"[2]

Fischer e Dionísio (2010), em estudo sobre trabalhos acadêmicos apresentados em congresso internacional sobre a temática dos letramentos ("literacia") no ensino superior, verificam que gêneros bastante tradicionais na academia, tais como artigos científicos, resenhas, monografias e ensaios são pouco mencionados como objeto central de pesquisas. Em vez disso, o foco se concentra, por um lado, em referências generalizadas à "escrita acadêmica" ou a gêneros como "narrativas pessoais", "reflexões", "memoriais", "trabalhos", "defesa argumentativa de pontos de vista", "apontamentos" e "apresentações na sala de aula", vale dizer, gêneros relacionados com o processo de ensino e aprendizagem.

A partir disso, as autoras propõem uma "tipificação dos textos presentes no ensino superior em dois grandes grupos: 'gêneros científicos' e as 'ferramentas pedagógicas'" (Fischer; Dionísio, 2010, p. 295). O primeiro grupo, que abrange os gêneros acadêmicos mais "profissionais", parece estar mais relacionado ao trabalho com a leitura, enquanto o segundo grupo se refere à produção escrita e eventualmente oral. As autoras concluem que, quando se trata do contexto acadêmico, "a literacia [...] diz sobretudo respeito a práticas de escrita e muito menos às de leitura". Ainda a partir dos dados da pesquisa, Dionísio e Fischer sugerem que pode haver um "eventual desfasamento entre o

2 A propósito disso, veja o capítulo 6.

que se lê e o que se escreve na universidade, com todas as consequências para o desenvolvimento nos estudantes do repertório de práticas mais ou menos especializadas da esfera em que estão envolvidos — a científica" (p. 295). A propósito disso, o já referido modelo proposto por Marcuschi (2001) vale também como uma crítica à abordagem dos letramentos acadêmicos na pesquisa (e no ensino, quando há) como uma questão atinente quase exclusivamente à escrita.

5. Práticas de letramento em cursos de especialização: análise e discussão

5.1. O curso: o que dizem os alunos

Conforme mencionado, o curso de especialização em ensino de língua portuguesa objeto desta pesquisa foi ofertado em um sistema modular, com aulas nos finais de semana, alternados sempre por uma semana de folga. Cada disciplina, portanto, era finalizada em pouco mais do que quinze dias, sendo imediatamente seguida da próxima matéria. Diante disso, e considerando-se o estilo de vida corrido da maioria dos alunos, professores de língua portuguesa da rede pública, dificilmente lhes foi proposta alguma atividade que não se esgotasse no próprio espaço da sala de aula ou, no máximo, no intervalo entre o primeiro e o segundo final de semana do módulo.

Entre as atividades desenvolvidas no decorrer do curso, os alunos mencionam uma diversidade de tarefas envolvendo leitura e escrita, ao mesmo tempo em que se percebem alguns gêneros que implicam a oralidade.

- interpretação de textos
- releitura de textos
- produção textual
- resumos
- apresentações de trabalhos
- discussões em grupo
- debates
- seminários

- sequências didáticas
- provas escritas
- redações
- exercícios orais e escritos
- projetos
- análises de livros didáticos
- artigos científicos
- resenhas
- fichamentos

Apesar do exposto, na opinião de uma aluna, "as práticas solicitadas pelos professores foram muito poucas". Fazendo uma síntese dessas práticas, a aluna destaca as "atividades de leituras de textos com diferentes tópicos" e "resumos sobre as aulas". A leitura de textos teóricos aparece frequentemente associada ao gênero resumo como forma de documentação. O resumo, com esse nome ou similares, tais como o fichamento, parece ser o gênero da escrita mais produzido por esses estudantes, e isso, ao que tudo indica, em função da leitura. Ou seja, o resumo não é praticado como exercício de escrita em si, mas como forma de verificação de leituras prescritas. Nesse sentido, alguns alunos relatam terem produzidos "numerosos" resumos ou fichamentos durante o curso.

As atividades de leitura superam em muito a prática de produção de textos acadêmicos escritos. Apesar de sua frequência como atividade do curso, o resumo não é a principal forma de verificação de leituras. Na maioria das vezes, estas são "socializadas" na forma de exposições orais ou seminários. As atividades em grupo tendem a predominar sobre atividades individuais, e a participação dos alunos é estimulada também como forma de quebrar a monotonia da fala do professor ao longo de dois dias inteiros de aula.

Presume-se que, em um curso de pós-graduação, os alunos, dando continuidade a sua formação como graduados, terão a oportunidade de conhecer e praticar diversos gêneros acadêmicos, relacionados tanto com práticas de leitura como de escrita. Especificamente, os alunos dão conta de terem lido, ao longo do curso:

- capítulos de livro
- poemas
- letras de música
- artigos científicos
- charges
- reportagens jornalísticas
- monografias
- resenhas
- resumos e anotações do professor
- apresentações em PowerPoint
- livros completos

Por outro lado, referindo-se especificamente à escrita, os alunos afirmam terem produzido textos nos seguintes gêneros:

- resumos
- fichamentos
- uma resenha (na disciplina de Leitura e Produção Textual)
- um texto que identificaram como se tratando do gênero "redação"
- poemas
- apresentações em PowerPoint
- um artigo científico (na disciplina acima referida)
- e a monografia de conclusão do curso

Essas informações permitem confirmar que as atividades de leitura efetivamente predominam sobre as práticas de escrita. Considerando-se que os estudos sobre letramentos se concentram bem mais na escrita, pode-se perguntar se não faz falta uma teoria de letramentos também para a leitura. É o que também parecem indicar as constatações de Fischer e Dionísio (2010).

Um aspecto provavelmente surpreendente foi os alunos afirmarem que a pós-graduação *lato sensu* não proporcionou o contato com novos gêneros, especialmente no que diz respeito à leitura. Para um estudante, houve apenas a oportunidade de "aprofundamento em gêneros acadêmicos". Em termos da produção de textos, teria havido apenas uma grande novidade, que seria a monografia de conclusão de curso. No entanto, apesar do que dizem os estudantes, não foi incomum ouvir deles, no decorrer do curso e ao longo do processo de orientação, pedidos para que os professores fossem "compreensivos", pois alguns alegavam que nunca antes, nem mesmo na graduação (por ter sido concluída há muito tempo, por exemplo), haviam produzido gêneros como o projeto de pesquisa e a monografia.

Entre as dificuldades reportadas para a conclusão do curso, os estudantes citam explicitamente apenas questões relacionadas à produção escrita de gêneros acadêmicos. Uma aluna chega mesmo a afirmar: "Na leitura não senti dificuldade". Quanto à escrita, as queixas se dividem entre gêneros acadêmicos produzidos no âmbito das disciplinas e a monografia de conclusão do curso. No primeiro caso, são mencionadas as dificuldades encontradas "na produção da resenha e na construção de um artigo científico", dois gêneros que fogem ao esquema habitual das ferramentas pedagógicas referidas por Fischer e Dionísio (2010) e se inserem entre os gêneros científicos. No segundo caso, isto é, no que tange à produção da monografia, os estudantes mencionaram especialmente dificuldades com "a estrutura [do trabalho]" e com "a compreensão das normas da ABNT". Segundo uma aluna, o problema é que as normas da ABNT foram "cobradas superficialmente em algumas disciplinas". Continuando seu comentário, ela recorda que "durante a graduação, a cobrança também foi superficial, onde tanto o orientador quanto o professor da disciplina de prática não se fizeram muito presentes". Portanto, nesse caso, a própria aluna assume uma perspectiva de *déficit*, que atribui a falhas da graduação, representadas pelo não cumprimento do papel do professor em ensinar e praticar (ou cobrar) as referidas normas, facilitando a socialização dos estudantes através daquele gênero acadêmico. Fugindo ao foco nos aspectos formais, uma aluna reporta como principal dificuldade a análise do *corpus* de sua pesquisa, pois, de acordo com ela, "não soube sistematizar as informações relevantes para comprovar a pesquisa realizada".

Em face das dificuldades e demais vicissitudes do curso, os alunos, diante de uma questão sobre "o grau de contribuição do curso para o seu letramento em gêneros acadêmicos", dividiram-se entre os que pensam que a contribuição foi "significativa" e aqueles segundo os quais o curso "contribuiu pouco". Percebe-se que, ao final do curso, os alunos não se sentem completamente seguros sobre os progressos realizados em lidar com a escrita e a leitura de gêneros acadêmicos. A escrita, particularmente, parece constituir-se ainda como uma fonte de permanentes dificuldades e obstáculos.

5.2 A monografia de conclusão do curso: o que mostram os textos

Apesar de que a maioria dos pós-graduandos já teve a oportunidade de elaborar uma monografia como Trabalho de Conclusão de Curso (TCC) ao final da graduação, a tarefa parece se apresentar, em muitos aspectos, como nova para eles. Um dos primeiros problemas que se observa, desde a fase do projeto, diz respeito à pouca compreensão do que seja de fato um trabalho de pesquisa. No dia a dia do ensino nos níveis fundamental e médio, os pós-graduandos, no papel de professores, sabem aparentemente muito sobre projetos de intervenção que buscam solucionar alguma deficiência ou responder a algum problema notado no ambiente escolar. Essa postura intervencionista, precedida de pouca ou nenhuma análise e reflexão, transparece na descrição de vários trabalhos de pesquisa. Veja-se como a autora inicia o resumo numa versão preliminar de sua monografia, cujo título era *Análise do gênero textual reportagem no livro didático*:

> Esta pesquisa apresenta uma proposta de ensino utilizando a oralidade e a escrita a partir de um gênero textual específico: a reportagem, uma vez que o ensino hoje se exige a multidisciplinaridade como ferramenta primordial no processo de ensino-aprendizagem.

A se considerar o título, a pesquisa nada tinha a ver com a apresentação de uma "proposta de ensino" muito menos com a oralidade.

Ao lado da confusão entre fazer pesquisa como produção de conhecimento e elaborar propostas de intervenção no ambiente escolar, avultam questões conceituais e de estruturação de um raciocínio claro e bem definido: é difícil dizer que relação há entre uma "proposta de ensino utilizando a oralidade e a escrita" e o "gênero textual específico: a reportagem", além da dificuldade em aceitar a "multidisciplinaridade" como explicação para essa perspectiva.

Um segundo problema revelado pelos textos dos alunos diz respeito à dificuldade em lidar com informações advindas das fontes bibliográficas consultadas. Em outras palavras, trata-se da dificuldade de incorporar adequadamente as vozes de outros em seu próprio texto. Uma coisa é o plágio em si, muitas vezes detectado na escrita dos alunos. Outra é a aparente incapacidade dos alunos em citar adequadamente os autores lidos. Na interação com os alunos, percebemos que a paráfrase ou quase cópia de segmentos textuais de autores pesquisados pode resultar da pouca familiaridade com as técnicas de citação, e não necessariamente de má fé por parte do aluno.

> Já se tornou trivial a ideia de que os gêneros textuais são fenômenos históricos, profundamente vinculados à vida cultural e social. Os gêneros contribuem para ordenar e estabilizar as atividades sociocomunicativas do dia a dia se inova na interlocução com a introdução de novas tecnologias.

O excerto, que lembra imediatamente uma passagem de um dos textos de Marcuschi, retornou para a aluna com a instrução do professor, aposta à margem, indicando: "Dar o devido crédito a Marcuschi, aqui". Por esse exemplo, o plágio não aparece como algo simples e de pacífica interpretação. Os alunos frequentemente utilizam material de terceiros como se estivessem simplesmente resumindo o conteúdo do texto lido, influência, talvez, da reiterada prática de produzir os gêneros resumo escolar e o correlato fichamento. Habituados a essa prática, aparentemente não sabem como usar o material citando de acordo com as normas e a ética da pesquisa e podem incorrer na construção do trabalho de pesquisa como "colcha de retalhos", como descreve Ninin (2025).

Uma questão ainda mais preocupante é a limitação demonstrada no que tange à capacidade de análise dos dados da pesquisa; ainda mais quando se trata de estudos com *corpora* de textos produzidos por alunos. A mudança de gênero envolvida na passagem da avaliação de textos produzidos em situação escolar para a análise desses mesmos textos no cenário de uma pesquisa acadêmica parece trazer grandes dificuldades para os pós-graduandos, conforme já estabelecido por Lea e Street (1998).

Numa pesquisa sob o tema *Coerência textual nas produções do 9º ano do Ensino Fundamental na escola pública*, a aluna elegeu como *corpus* um conjunto de 20 textos produzidos no âmbito da disciplina de língua portuguesa. Embora o trabalho não deixe claro, aparentemente a professora era a própria pesquisadora. A proposta de produção textual consistia na seguinte instrução: "Escreva uma narração a partir da seguinte frase dando continuidade e escolha um título: 'O maior sonho da minha vida será...'". As evidentes inadequações contidas na proposta não merecem qualquer comentário crítico no processo de análise do referido trabalho.

Primeiramente, seria mais adequado, à luz dos estudos do texto e das teorias de gênero, inclusive refletidas em diretrizes oficiais para o ensino, solicitar a produção de um gênero específico, e não de um tipo textual (narração), ou ainda estabelecer que a narração poderia tomar a forma de um gênero de preferência dos alunos. O caráter anacrônico da proposta, do ponto de vista dos desenvolvimentos em linguística textual, teorias de gênero e diretrizes oficiais de ensino, não é absolutamente contemplado na análise da aluna-pesquisadora. Além disso, a frase que deveria ser continuada fala de um sonho que "será", como se fosse um sonho que as pessoas teriam no futuro. A pesquisadora não viu problema nisso, mas é razoável pensar que ela poderia sugerir algo como "o maior sonho da minha *é*..." como uma proposta de escrita mais adequada.

Como resultado da inadequação da proposta, nenhum dos textos produzidos pelos alunos se configura como narração, e sim como argumentação, conforme tipologia apresentada por Marcuschi (2010). Os alunos empregam diversas estratégias para atribuir sentido à proposta da professora e, consequentemente, constroem textos em que fundamentam seus sonhos em sequências argumentativas por natureza. Talvez intuitivamente, eles nem tentam obedecer ao comando de "escrever uma narração", dada a natureza da temática e considerando a dificuldade trazida pelo verbo no futuro ("será), uma vez que o futuro diz respeito à *realização* do sonho, e não ao sonho em si, que é mais bem descrito no tempo presente, como faz o texto abaixo.

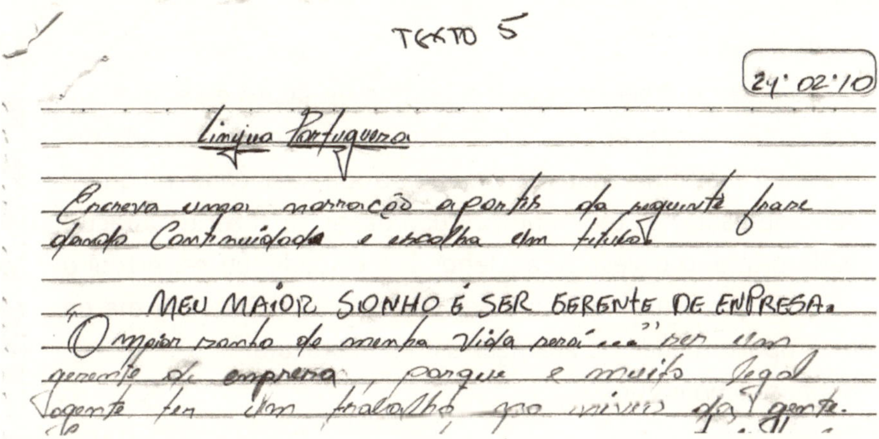
TEXTO 5

24·02·10

Língua Portuguesa

Escreva uma narração a partir da seguinte frase dada. Continuidade e escolha um título

MEU MAIOR SONHO É SER GERENTE DE EMPRESA.

O maior sonho da minha vida será..." ser um gerente de empresa, porque é muito legal agente ter um trabalho no níveo da gente.

Observe-se que o aluno altera, no título, a forma verbal para o presente "é", embora mantenha a frase dada pela professora como início do texto, talvez por não se atrever a modificar consciente e explicitamente a proposta. Nesse parágrafo inicial, a sequência argumentativa (e não narrativa) se apresenta na forma de uma fundamentação do sonho de "ser um gerente de empresa": "Porque é muito legal agente ter um trabalho no níveo da gente".

A análise da aluna-pesquisadora confirma e até elogia a construção da sequência argumentativa, omitindo-se, mais uma vez, de relacionar o texto efetivamente produzido com a proposta de produção, que solicitava, como visto, uma narração. De acordo com a aluna, o texto:

> [...] é o que mostra coerência por comunicar a ideia central do autor, respaldado em considerações lógicas ou argumentos convincentes sobre o processo de como chegar a realizar o seu sonho. Existe um nexo, uma relação, uma harmonia entre as partes [...] Nos argumentos utilizados pelo autor, as relações entre os fatos presentes são pertinentes e estabelecem uma sequência lógica argumentativa [...]

Nota-se ainda certa fixação na análise dos traços mais superficiais na escrita dos alunos. No exemplo, veja-se o texto produzido pela aluna e o comentário feito como análise por parte da pesquisadora:

> *Texto da aluna:*
> O meu sonho é ser empresária porque eu quero e sei que um dia eu vou alcançar esse obstáculo eu quero estuda cada dia mais porque sem o meu estudo eu não sou nada como eu quero ser empresaria eu tenho que estuda bastante. fazer uma faculdade primeiro o vestibular depos a faculdade. eu sei e tenho certeza que o meu sonho é ser empresaria e Deus vai me dá essa oportunidade de alcançar o meu obstáculo.
> Sonhar como é bom.
>
> *Comentário da pesquisadora:*
> O texto de nº 17 inicia com uma compreensão geral do que o autor pretende alcançar, com um problema de vocabulário – "o meu sonho é ser empresária porque eu quero e sei que um dia eu vou alcançar esse <u>obstáculo</u>". Aqui aparece uma confusão de sentido, o que demonstra que o vocabulário do autor carece da ajuda de um dicionário para que possa estabelecer de maneira clara e concisa os seus objetivos.

Em se tratando de uma monografia cuja proposta era analisar a coerência textual, diversos aspectos poderiam ter sido levados em conta e incluídos no estudo. Entretanto, a pesquisadora deixa de se concentrar na coerência como "princípio de interpretabilidade do discurso" (Charolles, 1983) e prefere destacar o uso de um único vocábulo que, convenhamos, poderia fazer bom sentido se o texto fosse encarado da perspectiva de um leitor mais colaborativo, mais determinado a co-construir os sentidos possíveis. Como se infere do texto da aluna, "alcançar esse obstáculo", para ela, corresponde a *superar* os obstáculos que a separam de seu sonho. O problema aí constatado não é suficiente para configurar uma "confusão de sentido", nem é boa descrição do problema afirmar que "o vocabulário do autor carece da ajuda de um dicionário". Como se vê, se o texto da aluna mostra uma dificuldade mais ou menos localizada. A redação acadêmica da pesquisadora, por sua vez, não se mostra mais adequada.

Palavras finais

A julgar pelos aportes teóricos apresentados pelos novos estudos de letramento, que se recusam a avaliar a leitura e a escrita no ensino superior por uma perspectiva de *déficit* ou remediação, e considerando-se os resultados desta pesquisa, tudo indica que a universidade não tem cumprido bem o seu papel de ajudar os alunos na aquisição e domínio do discurso acadêmico e de seus gêneros. De fato, o estudo permite perceber como os próprios alunos manifestam grande insegurança na produção, mais do que na leitura, de gêneros acadêmicos. Por outro lado, isso não significa que os estudantes não apresentem dificuldades com atividades de leitura, mas como, na maioria das vezes, essas atividades não são sistematicamente avaliadas em si mesmas, e sim eventualmente na forma de produtos escritos, professores e alunos podem ficar com a impressão de que, na leitura, tudo está muito bem. No entanto, é cabível indagar se é possível apresentar problemas na escrita sem dificuldades correspondentes na leitura e vice-versa.

A primeira experiência dos alunos em estudos pós-graduados, representados pelo curso de especialização, no caso específico relatado neste trabalho, não se deu sem percalços e nem sempre foi julgada por eles como um progresso notável em relação à graduação. Em alguns casos, os estudantes mencionam o aprofundamento havido em relação à graduação, enquanto noutros, reportam não terem tido contato com novos gêneros textuais/discursivos quer na leitura quer na escrita. Embora isso possa não constituir uma informação precisa, o fato é que reflete um sentimento, uma percepção e uma insatisfação com respeito a essa etapa da formação acadêmica.

A análise especificamente textual indica que, apesar do contato com diversos gêneros acadêmicos, os estudantes encontram significativas dificuldades, em especial na escrita, sendo o exemplo mais crítico a produção da monografia de conclusão do curso. As dificuldades abrangem desde os aspectos mais superficiais, linguísticos e estruturais até questões mais centrais na pesquisa, como a constituição de *corpora* e os procedimentos de análise de dados, por exemplo. Para o estudante, a dificuldade, nesse caso, consiste em como passar de práticas de escrita acadêmica relacionadas quase exclusivamente com "ferramentas pedagógicas" para a produção de "gêneros científicos" (Fischer; Dionísio, 2010) como o projeto de pesquisa e a monografia no final do curso.

É certo que a leitura e a escrita dos alunos não se constituem apenas de aspectos problemáticos, embora não tenha sido o foco desta pesquisa evidenciar os aspectos positivos. Em todo caso, as práticas de escrita e leitura mais problemáticas, algumas das quais postas em relevo neste estudo, evidenciam a necessidade de um novo olhar, por parte dos professores da graduação e pós-graduação, para o processo de letramentos acadêmicos dos estudantes. Nesse processo e nessas práticas, a noção de gêneros acadêmicos continua ocupando lugar central. Os letramentos acadêmicos se constituirão, essencialmente, como sinônimo de letramentos em gêneros textuais/discursivos próprios do ambiente universitário.

Capítulo 3
Práticas e eventos de letramento na educação a distância

Palavras iniciais

Os estudos do letramento a partir de uma perspectiva social sugerem a importância de considerar o contexto específico em que os letramentos estão inseridos, na medida em que eles variam de acordo com os aspectos sócio-históricos e culturais por meio dos quais recebem significados particulares em diferentes sociedades. Assim, para os novos estudos de letramento, não existe um letramento único; trata-se de um fenômeno múltiplo e complexo, ao qual estão intrinsecamente associadas questões ideológicas e de poder (Street, 2007; 2010).

Para Barton e Hamilton (2005), dois conceitos se destacam no estudo e compreensão do letramento: práticas de letramento e eventos de letramento. Como lembram os autores, eventos de letramento são as ocasiões em que o texto escrito figura como central, enquanto as práticas de letramento dizem respeito às crenças, concepções e valores atribuídos à leitura e à escrita em determinado contexto.

Consideramos relevante investigar o fenômeno do letramento no contexto acadêmico, mais especificamente em um curso de graduação em Letras na modalidade a distância, visto que, no meio acadêmico, a leitura e a escrita se constituem como atividades essenciais das quais os membros dessa comunidade de práticas participam. Assim, a leitura e a escrita configuram-se como um *locus* privilegiado do processo de letramento. Ademais, as práticas de leitura e escrita são ressignificadas pelas tecnologias digitais de informação e comunicação que as caracterizam no contexto da Educação a Distância (EaD).

Assim, neste capítulo, objetivamos descrever os eventos de letramento ocorridos no ambiente virtual de aprendizagem (AVA) de um curso de Letras EaD oferecido por uma universidade pública do Estado de Pernambuco. Em especial, destacamos os elementos visíveis e os não visíveis desses eventos, os quais apontam para as práticas de letramento que os regem (Hamilton, 2000). Para isso, o capítulo está organizado da seguinte maneira: primeiramente, retomamos aspectos da perspectiva de letramento e de gênero que embasam o estudo; a seguir, discutimos mais especificamente os conceitos de práticas e de eventos de letramento. Finalmente, realizamos a descrição e análise dos elementos presentes nos eventos de letramento e as práticas de letramento a eles associadas no ambiente do referido curso EaD.

1. Letramento e gênero

1.1 Noção de letramento

Conforme argumenta Street (2007), a partir da perspectiva dos novos estudos de letramento, o fenômeno do letramento é plural e situado historicamente, compreendendo variedades distintas de acordo com os usos e significados que adquirem em cada sociedade ao longo do tempo. Além disso, diferentemente do que presume a abordagem autônoma do letramento, os letramentos não são neutros, mas fortemente permeados por questões ideológicas, que valorizam as variedades hegemônicas em detrimento de outras.

Neste estudo, assumimos que os letramentos dizem respeito ao que as pessoas de determinada comunidade fazem ao se relacionarem com a leitura e/ou com a escrita. São os usos e significados atribuídos às atividades das quais elas participam e em que o texto escrito desempenha um papel significativo (Barton; Hamilton, 2005). Assim, os letramentos se constituem como um conjunto de práticas sociais estabelecidas em interações mediadas pela escrita e que compreendem, pelo menos, um dos seguintes aspectos: escrita, leitura ou oralidade relacionada ao texto escrito (Rios, 2009), podendo incluir a conjugação de diferentes recursos semióticos e multimodais com o material escrito (Street, 2012).

Considerando o contexto da EaD, é válido ressaltar que as práticas de leitura e escrita adquirem diferentes nuances no ambiente virtual, na medida em que, nesse meio, recursos como a hipertextualidade e a multimodalidade são potencializados. Essas características complexificam o fenômeno do letramento e apontam para a ressignificação das práticas letradas mediadas pelas tecnologias.

Street (2012) discute sistematicamente as contribuições de uma perspectiva multimodal para os estudos de letramento e define multimodalidade como "uma abordagem para a comunicação em que os modos textuais trabalham em conjunto um com o outro, sem privilégio necessário de um sobre o outro" (p. 2-3). Como reconhece o autor, nos eventos de letramento, diferentes semioses concorrem para a construção do significado. Dessa forma, comentam Barton e Hamilton:

> O letramento sempre coexiste com uma variedade de outros modos de construção de significados, em especial construção de significado visual, e o letramento é apenas uma parte de uma gama de recursos semióticos (2005, p. 6).

Aqui vale destacar a importância que as tecnologias digitais de informação e comunicação têm na (re)significação das práticas de escrita e, consequentemente, dos letramentos, considerando que no meio digital a escrita e a leitura se mostram fundamentais para as interações. A esse respeito, Barton e Hamilton (2005, p. 7) apontam que "as novas tecnologias mudam a materialidade do letramento, modificando profundamente a paisagem semiótica". Street (2012) também observa que as mudanças tecnológicas contribuem para transformar o letramento como o conhecemos.

Com relação ao letramento acadêmico, consideramos que se trata do

> processo de desenvolvimento de habilidades e conhecimentos sobre as formas de interagir com a escrita para os fins específicos desse domínio [acadêmico], sem, contudo, desconsiderar, nessas interações com a escrita, a história de letramento dos alunos (Oliveira, 2009, p. 5).

Assim, o letramento acadêmico está sempre em construção, em processo, e está vinculado aos diferentes gêneros que organizam as atividades dos estudantes ao longo de sua vida acadêmica e com os quais os estudantes se envolvem para se engajar no discurso acadêmico. Igualmente, o letramento acadêmico está indissociavelmente ligado aos modos de agir da comunidade acadêmica.

1.2 O gênero

Como temos deixado claro, consideramos que a noção de gênero textual/discursivo está implícita no conceito de letramento (Bezerra, 2010), sendo dele indissociável. Consequentemente, justificamos a necessidade de relacionar texto, gênero e letramento principalmente por dois motivos: primeiro, a comunicação humana não ocorre através de unidades isoladas do sistema linguístico, como palavras ou frases, mas sim por meio de textos que participam de um ou mais gêneros. Segundo, os gêneros implicam uma série de relações discursivas e sociais e papéis definidos, determinando quais indivíduos têm ou não credenciais ou autoridade para produzir determinado texto e funcionando como "um modo importante de distribuir o conhecimento e as atitudes para com os textos de uma comunidade" (Street, 2007, p. 481-482).

Buscamos aporte teórico na abordagem de estudos de gêneros da linguística aplicada, particularmente da perspectiva de língua para fins específicos, voltada para os ambientes profissionais e acadêmicos e representada especialmente pelos trabalhos de Swales (1990, 2004). Esse autor, para quem os gêneros são formas de ação comunicativa, dedicou suas análises à observação dos movimentos retóricos realizados nos textos para atingir os propósitos comunicativos do gênero. Em sua clássica definição, Swales (1990) considera que o gênero abrange uma classe de eventos comunicativos que apresentam propósitos comunicativos comuns, os quais são reconhecidos pelos membros da comunidade discursiva que pratica ("possui") o gênero.

Tal perspectiva do estudo de gêneros pode ser relacionada com os novos estudos de letramento, visto que alguns dos pressupostos de ambas as abordagens se mostram bastante compatíveis. Dessa forma, nos parece compatível com ambas as teorias considerar que:

(a) os gêneros variam de acordo com a área ou cultura disciplinar em que se inserem (assim, um artigo científico de linguística apresenta particularidades em relação a um artigo de botânica e vice-versa, e mesmo assim ambos constituem realizações do gênero artigo), bem como de acordo com seu contexto sociocultural (um artigo de linguística produzido nos Estados Unidos apresenta diferenças em relação a um artigo produzido no Brasil);

(b) os gêneros estão permeados por relações de poder que determinam quem pode produzi-los, evidenciando maior ou menor hierarquia, dependendo da comunidade discursiva. Assim, os usuários mais experientes ou detentores de maior autoridade desfrutam de maior liberdade para inovar e explorar as potencialidades dos gêneros do que os participantes recém-chegados à comunidade acadêmica;

(c) o domínio das convenções formais e funcionais dos gêneros, assim como a compreensão das relações ideológicas e hierárquicas que envolvem sua produção e recepção, é um aspecto importante do letramento acadêmico.

É a partir dos gêneros textuais/discursivos que os estudantes vão se familiarizando com o discurso da academia e com suas formas de agir discursivamente. Assim, vão gradualmente se engajando nos diferentes eventos de letramento que organizam as atividades da comunidade discursiva acadêmica.

2. Práticas e eventos de letramento

Street (2007) considera que as práticas de letramento são variadas e complexas tanto quanto os seus contextos. As práticas de letramento são abstratas, específicas e não universais; dizem respeito às práticas sociais e concepções de leitura e escrita de uma comunidade (Street, 2012). Essas práticas modelam os eventos de letramento, oferecendo sentidos próprios aos usos da leitura e da escrita pelas pessoas nas diversas situações comunicativas. Na vida real, não há necessariamente a separação explícita das práticas de cada domínio, ou seja, tais práticas são híbridas e podem ser sobrepostas (Barton; Hamilton, 2005).

Street (1984) define as práticas de letramento como práticas discursivas, as quais delimitam e influenciam a produção e interpretação dos diversos textos orais e escritos, que circulam em contextos sócio-históricos e culturais específicos. Segundo o autor, as práticas de letramento acrescentam ao conceito de evento modelos sociais que esclarecem sua natureza, inserem-no em um contexto funcional e lhe atribuem significados (Street, 2012). As práticas de letramento são, portanto, as normas, os direitos, os deveres, os papéis sociais assumidos, as relações estabelecidas, as expectativas, as percepções e as atribuições de valores realizadas pelos participantes da interação em um tempo específico em relação às práticas de leitura e escrita disseminadas em determinada comunidade. As práticas de letramento são visíveis a partir dos eventos de letramento, que são as situações em que o texto tem papel central.

O conceito de evento de letramento foi inicialmente definido e proposto por Heath (1983). Para a autora, o evento de letramento é qualquer ocasião em que a escrita se torna parte integrante da natureza da interação entre as pessoas e parte integrante dos processos interpretativos. Vieira (2005, p. 104) esclarece:

> Os eventos são ocasiões em que um texto escrito (ou mais de um) é elemento essencial nas interações entre pessoas (participantes) e nos processos de construção de sentidos que aí se desenvolvem.

Os eventos de letramento podem ocorrer tanto em ambientes institucionais formais, como na universidade, quanto também em ambientes informais, a exemplo do lar, visto que a escrita, em uma sociedade letrada, é um elemento irredutível da vida social em todos os seus âmbitos.

A alfabetização não é condição necessária para a realização de eventos de letramento, dado que estes ocorrem tanto antes, como durante e depois do processo inicial de aprendizagem da escrita. Uma criança que, embora ainda não alfabetizada, "lê" o livro de historinhas ou "lê" um convite de festa de aniversário enviado por um amigo está se inserindo em eventos de letramento, já se mostrando capaz de reconhecer as funções sociais dos artefatos escritos, inclusive se beneficiando de seu caráter multimodal. No caso da EaD, a escrita é central para a interação que acontece mediada pelas tecnologias digitais, sendo atualizada em eventos de letramento de natureza variada, na medida em que os estudantes participam de diferentes atividades voltadas para textos durante o curso, como leitura e produção de textos próprios da esfera acadêmica, comunicação com os colegas e professores no AVA, entre outras.

Barton e Hamilton (1998) consideram que as práticas de letramento são definidas por regras sociais que regulam o uso e a distribuição de textos, e prescrevem quem pode produzi-los e ter acesso a eles. Para os autores, através da observação dos eventos de letramento, é possível analisar os textos como vestígios da prática social subjacente e das ideologias, crenças e valores enraizados. Consequentemente, práticas e eventos de letramento constituem valiosas ferramentas analíticas para os estudos sobre letramento. Barton e Hamilton (2005) discutem sete pontos fundamentais que caracterizariam esses conceitos, sintetizados no quadro 1:

Quadro 1: Síntese das características das práticas e eventos de letramento

Práticas de letramento	Eventos de letramento
São mais gerais e abstratas	São unidades de análise mais específicas e visíveis
Estão associadas a domínios específicos da vida	São as "pontas do iceberg" das quais as práticas podem ser inferidas
São culturalmente reconhecíveis	Podem ser recontextualizados
Estão atreladas à estrutura social	Estão atrelados à estrutura social
São históricas, locais	Estão ancorados em tempo e local específicos
São dinâmicas	São dinâmicos
São multimodais	São multimodais

Fonte: Elaboração dos autores

Dantas (2005), ancorado na proposta de análise de Hamilton (2000), explicita os elementos visíveis e não visíveis nas noções de práticas e eventos em seu trabalho sobre *blogs*. A respeito desses elementos, Dantas (2005) comenta que eles constituem uma maneira viável e apropriada de utilizar esses conceitos em uma análise e descrição do fenômeno do letramento. Nessa perspectiva, os elementos visíveis nos eventos de letramento são:

- os participantes (os indivíduos que interagem com os textos escritos);
- o ambiente (as circunstâncias físicas imediatas nas quais ocorre a interação);
- os artefatos (as ferramentas materiais e os acessórios que estão envolvidos na interação, o que inclui os próprios textos);
- as atividades (as ações desenvolvidas pelos participantes no evento de letramento).

Hamilton (2000) também descreve os elementos que compõem as práticas de letramento, mas não são visíveis; no entanto, podem ser inferidos dos eventos de letramento a que estão associados. Assim, devido ao seu caráter abstrato, as práticas de letramento apenas são localizáveis ou identificáveis por meio dos eventos de letramento. Os elementos que as caracterizam são:

- os participantes ocultos, ou seja, as outras pessoas ou grupos envolvidos nas relações sociais de produção, interpretação, circulação e qualquer outra forma de regulação de textos escritos;
- o domínio prático no qual o evento tem lugar e de onde retira seu sentido e propósito social; todos os demais recursos trazidos para a prática de letramento, incluindo valores não materiais, entendimentos, modos de pensar, de narrar, habilidades e conhecimento;
- as rotinas estruturadas e trilhas que facilitam ou regulam as ações, como as regras de elegibilidade, ou seja, a definição de quem pode ou não se engajar em determinadas atividades, ou quem pode ou não realizar certas ações.

3. Práticas e eventos de letramento na EaD

3.1 Aspectos metodológicos

Para a realização da presente pesquisa, foram utilizados alguns procedimentos de cunho etnográfico, a partir da inserção da pesquisadora no ambiente virtual de aprendizagem de curso de Letras a distância que atendia o público das cidades de Surubim, Garanhuns e Tabira, localizadas no interior de Pernambuco, para a observação das atividades desenvolvidas pelos estudantes que cursavam o 6º período do curso. Não houve interação direta entre os pesquisadores e os estudantes no ambiente virtual de aprendizagem, apenas observação. Entretanto, a interação pessoal ocorreu face a face em visita aos respectivos polos.

Além da descrição do ambiente virtual e das atividades nele desenvolvidas, foram colhidos do próprio ambiente textos representativos dos principais gêneros que organizam os eventos de letramento de que participavam os alunos, a exemplo dos fóruns de discussão e das *webquests*; e foram realizadas entrevistas semiestruturadas com alunos e professores que se dispuseram a participar da pesquisa. A um desses estudantes foi solicitado que descrevesse suas atividades diárias, enfatizando o tempo que dedicava a sua participação no curso. O resultado dessa descrição será analisado a seguir, quando procedermos à interpretação qualitativa dos dados.

Com vistas à realização dos objetivos estabelecidos para o presente capítulo, exploraremos alguns dos dados que compõem o *corpus* da pesquisa. Primeiramente, realizaremos um levantamento dos eventos de letramento ocorridos no AVA, partindo dos gêneros que os organizam; a seguir, a partir da classificação de Hamilton (2000), examinaremos os elementos visíveis e não visíveis dos eventos na descrição das atividades diárias realizada por um estudante do curso; finalmente, refletiremos sobre as práticas de letramento emergentes dos eventos de letramento ali presentes, considerando alguns aspectos apontados pelos participantes do curso (professores e estudantes) durante as entrevistas.

3.2 Análise dos dados

Após a observação do AVA, obtivemos o quadro 2, que lista os 12 gêneros encontrados nesse ambiente, com os quais os estudantes entram em contato ao realizarem o *login* no AVA. Disposta de maneira geral, essa quantidade reflete apenas os gêneros superficialmente visíveis no ambiente. Uma análise mais detida aponta para um quantitativo e uma diversidade maior de gêneros, ao considerarmos aqueles que estão atrelados a ou pressupõem ou ativam outros gêneros, a exemplo das charges, poemas e fotografias utilizados no fascículo (Pimentel, 2012; Lêdo, 2013), dos gêneros intercalados no fórum (Lêdo, 2013) e dos gêneros solicitados pelas *webquests*, como artigos científicos, fichamentos, resenhas e apresentação em Powerpoint (Bezerra; Lêdo, 2012). Assim, ao realizarem as atividades propostas em uma disciplina do curso, os alunos participam de inúmeros e diferentes atividades de letramento mediadas por esses gêneros.

Quadro 2: Gêneros encontrados no AVA

- *Avisos*
- *Fascículos*
- *Formulários*
- *E-mails*
- Ementas
- Planejamento de atividades
- Fóruns
- *Webquest*
- Provas
- Questionários da pesquisa no AVA
- Perfil
- *Chat*

Fonte: Elaboração dos autores

Os gêneros centrais aos eventos de letramento constituem eventos dos quais os estudantes participam no AVA: ficar a par das novidades do curso, tais como data de provas e videoconferências, através dos avisos e do *e-mail*; solicitar documentos (declarações, histórico escolar etc.) através dos formulários, que às vezes precisam ser impressos para pagamento de uma taxa e ser levados à secretaria para finalmente o documento ser elaborado; ficar a par das atividades e prazos previstos em cada disciplina e se organizar para cumprir as tarefas, através das ementas e planejamentos; avaliar o andamento da disciplina e do material e métodos adotados através dos questionários; saber mais informações sobre colegas e professores, bem como oferecer informações sobre si mesmo através do perfil; interagir com colegas e professores no *chat*; participar de avaliação dos conhecimentos construídos até o momento em cada disciplina, a fim de poder avançar para outros semestres do curso através das provas, que pressupõem a leitura do conteúdo da disciplina no fascículo; participação no fórum, que pressupõe a leitura da proposta e de materiais como o fascículo para a produção de postagem; realização da *webquest*, o que inclui a leitura da proposta e dos materiais necessários para a realização da atividade, leitura do fascículo, pesquisa e seleção de informações, discussão com os colegas pessoalmente ou através de meios de comunicação (caso a atividade seja em grupo) e elaboração do produto final.

Apesar da descrição um tanto simplificada e esquemática, é possível perceber a complexidade dos eventos de letramento que acontecem no ambiente e observar que alguns eventos de letramento estão organizados a partir de mais de um gênero ou de mais de uma ação. Assim, os eventos de letramento, às vezes, não apresentam início e fim claramente definidos e podem ser compostos por um conjunto de atividades menores que se sobrepõem para formar eventos significativos (Barton; Hamilton, 2005).

No caso da EaD, parte dos eventos de letramento que compõem a prática social de "fazer um curso superior" ocorre através do AVA, ou seja, são mediados pelas tecnologias, conforme vimos discutindo. Isso oferece uma nova dimensão aos eventos de letramento, na medida em que novos gêneros são criados para dar conta de outras necessidades comunicativas (gêneros típicos do meio eletrônico, tais como *e-mail, chat, webquest,* fórum eletrônico), bem como gêneros são transpostos para esse novo ambiente, o que pode acarretar mudanças significativas neles devido aos recursos midiáticos que esse suporte oferece, ampliando e/ou dando mais evidência de sua ocorrência, a exemplo dos avisos presentes no AVA, que poderiam estar em uma parede ou quadro, mas no AVA são permeados pela organização hipertextual.

Com relação aos elementos visíveis e não visíveis dos eventos de letramento, selecionamos para análise o exemplo 1:

Exemplo 1: Descrição das atividades diárias de um estudante de EAD

ROTINA DE UM ESTUDANTE EAD

(1) *Severino (nome fictício) é um estudante que cursa o sexto período do curso de Letras EaD ministrado pela Instituição de Ensino Superior X, no Campus* Y. Além de exercer suas atividades profissionais em uma repartição pública, durante o expediente que se inicia às 7:00h e segue até às 13:00h, ele desempenha as atividades estudantis nos períodos da tarde e noite, nos dias úteis.

(2) Após esse período de trabalho, ao chegar a sua casa, o Severino dá início aos estudos fazendo um *acesso ao ambiente virtual de aprendizagem* (AVA) *que funciona como sua sala de aulas e outras dependências (espaço físico) de uma unidade de ensino*. Inicialmente, esses acessos eram realizados nos computadores das *lan houses* e do trabalho, mas posteriormente *passou a ser feito na própria residência* do Severino, que conseguiu adquirir *computador com internet*.

(3) E nesse ambiente virtual, ele confere *os avisos* dos tutores, professores e coordenadores do curso. Também, se informa sobre as datas previstas para o encerramento de algumas *atividades como os fóruns temáticos, webquest* e, se certifica também, das datas das provas, consultando o *calendário* do período. Além de fazer as *leituras dos fascículos e todo material disponibilizado pelos professores responsáveis pela disciplina*. Essas leituras se estendem a *textos de livros, artigos científicos e de opinião, resenhas, resumos, tirinhas, charges, etc.*, seguindo sempre as referências citadas pelos professores nos finais dos capítulos dos fascículos e também, nas referências das atividades como os fóruns temáticos e *webquest*.

(4) Geralmente, essas leituras exigem, no mínimo, duas horas de leitura para um capítulo de um fascículo, e mais outras horas para consultar outras fontes. Podemos dizer que o Severino lê, em média, três horas e meia para responder um fórum temático e no caso de uma *webquest*, as atividades de leitura e pesquisa se estendem por dois ou mais períodos de três ou quatro horas. Nos intervalos dos estudos, ora por necessidade, ora por outras obrigações de pai, marido e dono de casa, o Severino atende telefone, responde mensagens de texto pelo celular, checa e responde *e-mails*, dá atenção à filha e a esposa, também recebe as visitas de maneira educada e com bastante atenção.

(5) Ainda existem as dúvidas, que sempre aparecem durante as leituras e resolução das atividades, então, nesse caso o Severino encaminha suas *dúvidas e os pedidos de orientações* referentes aos estudos para os tutores e professores via *e-mail pelo* AVA e, também por *redes sociais e bate-papos criados exclusivamente para a interação professores, tutores e estudantes.*

Fonte: Produzido por um estudante de Letras a distância, grifos nossos

Primeiramente, destacamos como o estudante descreve o AVA: "Como sua sala de aula e outras dependências de uma unidade de ensino" (parágrafo 2), ou seja, o estudante reconhece o AVA como o lugar em que ocorrem as práticas de ensino e o compara a uma sala de aula presencial. Em ambas as modalidades, cada uma com suas particularidades, a aula consistiria em um evento de letramento permeado por diferentes gêneros (Vieira, 2005).

No caso descrito pelo estudante, os eventos de letramento são compostos por uma cadeia de atividades com as quais ele se envolve, que incluem conferir avisos, responder a fóruns e a *webquests*, observar o calendário de atividades, ler os fascículos das disciplinas, bem como ler artigos e produzir resenhas, resumos, entre outros gêneros (parágrafo 2). Além disso, o estudante interage com colegas e professores através de ferramentas de comunicação dispostas no próprio ambiente e até fora dele (parágrafo 5). As atividades descritas se constituem como um conjunto de eventos de letramento que ocorrem mediados pela tecnologia digital e estão inseridos nas práticas de letramento da academia.

Relativamente aos elementos visíveis nos eventos de letramento ocorridos no AVA, observamos que se apresentam como *participantes* os estudantes juntamente com os professores/tutores e coordenadores do curso, que interagem através dos recursos do ambiente. O *ambiente* em que os eventos ocorrem, como mencionado, é o ambiente virtual de aprendizagem, espaço virtual restrito aos participantes do curso, no qual estão localizados os conteúdos, o planejamento das atividades, os textos que regulamentarão as práticas ali desenvolvidas, acessado através de um computador conectado à internet (final do parágrafo 2). Esses equipamentos, juntamente com os próprios textos, constituem os *artefatos* envolvidos na interação. Finalmente, as atividades realizadas pelos participantes do evento são distintas, de acordo com suas funções: aos estudantes, cabe acessar o ambiente e verificar avisos e datas, ler o material disponibilizado e o material complementar sugerido para fundamentar sua participação nas atividades propostas (fóruns, *webquests* etc.); além disso, os estudantes interagem com os demais participantes, seja para tirar dúvidas ou se comunicar e compartilhar experiências com os colegas (parágrafo 5).

Com relação aos elementos que compõem as práticas de letramento, invisíveis, mas inferíveis dos eventos, podemos observar como *participantes ocultos* os organizadores do sistema, que postam as informações e lidam com a interface, a parte técnica do AVA, na medida em que têm um papel significativo no processamento do evento ("alimentam o sistema"), mas normalmente não interagem mediante textos com todos os participantes, nem com os responsáveis pela organização institucional do curso e da própria universidade, ou seja, eles são responsáveis pelo gerenciamento das atividades burocráticas que mantêm o curso funcionando e pela manutenção dos papéis estabelecidos aos participantes visíveis, através das permissões e funcionalidades atribuídas aos respectivos perfis. O perfil do docente de uma disciplina, por exemplo, permite visualizar a quantidade de acessos de cada estudante, observando sua assiduidade; já o do estudante não dispõe de recurso semelhante.

É possível perceber certo caráter hierárquico na organização do ambiente em que se inserem os eventos de letramento, na medida em que essas pessoas assumem os papéis sociais de representação do curso e o coordenam por meio de documentos e ações que orientam a participação dos demais integrantes do curso, estabelecendo para cada um o seu papel (professor, tutor, aluno, coordenador etc.). Os participantes precisam estar cientes das regras e responsabilidades de sua função e em concordância com elas, ou seja, para se inserirem nas práticas da academia, os estudantes necessitam se situar ante as normas de funcionamento da instituição e do meio acadêmico como um todo (por exemplo, no decorrer do curso, se submeterão a avaliações e entregas de trabalhos) e do curso (atendendo a cada atividade avaliativa, em termos de gêneros e linguagem, por exemplo).

Isso se relaciona com o segundo aspecto das práticas, que é o *domínio* no qual o evento acontece, os propósitos sociais, valores e modos de pensar desse ambiente. Observa-se que as atividades de escrita prevalecem sobre as de oralidade, especialmente na EaD (tomando o exemplo específico analisado neste capítulo). Nas práticas acadêmicas, a autoria é valorizada, mas também é recomendado fundamentar a argumentação em outros trabalhos, de forma a lhe conferir cientificidade. É necessário sempre referenciar os materiais dos quais as informações são retiradas, e existem normas específicas para fazer isso, que devem necessariamente ser seguidas, a fim de evitar sanções, inclusive judiciais (como nos casos mais graves de plágio). Esses aspectos constituem alguns dos modos de pensar e agir da comunidade acadêmica e sua forma de lidar com o conhecimento.

Finalmente, o terceiro aspecto diz respeito à *regulação das ações*, ou seja, das normas que definem quem pode ou não se engajar em determinadas atividades. Aqui se incluem, além das posições hierárquicas dos participantes das práticas mencionadas anteriormente, as expectativas quanto à função de cada um nos eventos de letramento, às credenciais que autorizam certas pessoas a dizer e como dizer determinadas coisas, a produzir determinados gêneros, entre outros pontos. Assim, é permitido ao professor, e não ao aluno ou a qualquer outro participante do evento:

(a) propor as questões e temas para as atividades;
(b) posicionar-se diante das respostas dos alunos, atribuindo-lhes uma nota;
(c) selecionar os textos que compõem o material didático, entre outras ações.

Os tutores oferecem apoio aos professores, acompanham as atividades dos estudantes, lembrando prazos e tirando dúvidas; à coordenação do curso compete, por exemplo, o estabelecimento dos prazos e organização geral das disciplinas e do conteúdo do curso, atualizar os dados dos alunos, realizar reuniões com docentes e estudantes para tratar de questões relativas ao curso, apresentar as demandas do curso em outras instâncias da instituição; já os estudantes necessitam se engajar nas atividades propostas, realizar as leituras e pesquisas necessárias, postar as respostas etc.

Além disso, todas essas práticas são ainda influenciadas pelas características específicas do campo disciplinar em que elas ocorrem, que definem, por exemplo, a organização e maior ou menor valorização dos gêneros em diferentes áreas. No caso do curso de Letras, por exemplo, é possível afirmar que existem peculiaridades nas áreas de linguística e literatura, mesmo considerando que ambas acontecem mediantes as práticas e características do ambiente acadêmico.

Algumas práticas de letramento da academia foram evidenciadas pela análise das entrevistas com professores e estudantes, mediante as quais foi possível observar aspectos considerados pelos participantes como próprios da academia, e valorizados por ela, como a noção de linguagem e de avaliação, conforme ilustramos a seguir:

> **E1**: Os gêneros [produzidos no curso] são uma maneira de os professores captarem a capacidade/conhecimento da gente.

Entre os estudantes, foi recorrente a concepção de que as atividades solicitadas pelos professores durante o curso são essencialmente voltadas para a avaliação de seu desempenho e do conhecimento construído até o momento, enquanto em alguns professores percebeu-se uma preocupação não limitada à avaliação, mas de familiarizar os estudantes com as formas de discurso da academia, solicitando, por exemplo, a produção de um artigo científico.

> **E1**: Eu estou fazendo esse curso para o meu conhecimento e eu encontro muito disso aqui com os professores, colegas e tutores.

Compartilha-se a concepção de que a academia (e, portanto, os seus gêneros e formas de utilização da linguagem) representa um lugar de produção de conhecimento valorizado pela sociedade, um ambiente para o desenvolvimento intelectual que contribui para a formação intelectual e profissional dos estudantes.

> **E1**: Os gêneros acadêmicos têm um padrão, uma normatização e a gente tem que ficar dentro dele.

Tanto professores quanto alunos mencionaram a necessidade de se adequar às convenções específicas de discursos do meio acadêmico, que se organiza em gêneros típicos desse domínio, tanto no que se refere às regularidades de sua forma quanto às normas de formatação dispostas pela ABNT.

> **E2**: Todo acadêmico deve ser um pesquisador, todo estudante deve ser um pesquisador.

É compartilhada por docentes e discentes a compreensão de que a academia é essencialmente um ambiente de pesquisa e que esta constitui uma competência a ser desenvolvida pelos estudantes, através das atividades propostas e da orientação dos professores. Assim, no caso estudado, para participar do fórum ou realizar uma atividade de *webquest,* necessariamente os estudantes passam por uma etapa de pesquisa, o que inclui a leitura de diferentes gêneros.

> **E2**: O que esse curso trouxe foi melhoras para minha linguagem e para minha escrita, e muito, eu estou em outro nível hoje, em relação ao que entrei.
>
> **P2**: A linguagem acadêmica é mais profunda, pede um aprofundamento maior, é uma linguagem científica.

Professores e estudantes compreendem que a linguagem utilizada no meio acadêmico é formal, próxima da norma-padrão, mais complexa e elaborada do que a linguagem corrente. Ao afirmarem que a academia possibilitou melhorar a linguagem e a escrita, e que se trata de uma linguagem científica, implicitamente eles fazem referência a um construto ideológico que considera a linguagem acadêmica "melhor", "mais difícil" ou "mais organizada".

Palavras finais

A academia como instituição apresenta seus rituais organizados a partir de eventos e práticas de letramento que envolvem em diversas instâncias a participação de pessoas desempenhando diferentes funções. Essas pessoas desenvolvem atividades reguladas por diversos gêneros e inseridas em práticas sociais mais amplas. Para serem aceitos como membros desse grupo, os participantes precisam se engajar nas práticas sociodiscursivas desenvolvidas por ele, procurando compreender as maneiras de pensar, as crenças e valores compartilhados por aquela comunidade.

No contexto de um curso de graduação a distância, os estudantes participam de diversas atividades mediadas por gêneros específicos, que podem ser vistas como cadeias discretas de eventos de letramento. Esses microeventos se inter-relacionam para formar um evento significativo ao qual subjazem diferentes práticas de letramento. Tais aspectos não estão isolados, mas articulados em sistemas de atividades em diálogo com outros domínios.

As práticas de letramento encontradas no contexto específico que estudamos fazem referência a uma valorização das formas de linguagem da academia, regidas por normas rigorosas, e à utilização da escrita essencialmente para a avaliação, bem como à academia como lugar que representa o conhecimento.

Aparentemente, no caso da EaD, a questão da mediação tecnológica interfere de modo significativo na modificação de alguns gêneros e, consequentemente, dos eventos de letramento nos quais esses gêneros são centrais, enquanto as práticas de letramento permanecem similares ao esperado na modalidade presencial. Entretanto, são necessárias mais pesquisas que desvendem e aprofundem esses e outros aspectos do fenômeno do letramento, especialmente no caso da Educação a Distância, modalidade que experimentou certa expansão no Brasil.

Capítulo 4

Pesquisa e ensino de língua na perspectiva dos letramentos

O caso do Profletras

Palavras iniciais

Desde seu aparecimento no contexto brasileiro em meados da década de 1980, o conceito de letramento vem sendo debatido e apropriado por diferentes vertentes teóricas. Se, inicialmente, esse conceito foi utilizado em oposição a uma concepção de alfabetização como apropriação do sistema de escrita alfabética para marcar um processo que iria além da aquisição dos traços formais, posteriormente passa a representar os usos sociais e os significados atribuídos à leitura e à escrita em determinados contextos (Alencar, 2015). A importância desse tema no meio acadêmico pode ser exemplificada pela quantidade expressiva de trabalhos vinculados a linhas de pesquisa desenvolvidas em universidades das diversas regiões do país, consolidando essa frutífera área de estudos (Silva; Gonçalves, 2021). Embora distintas, as perspectivas atuais – que tomam os letramentos como objeto de estudo ou como enquadre teórico em que fenômenos da linguagem possam ser compreendidos – compartilham a compreensão de leitura e de escrita como práticas sociais.

A complexidade e a produtividade do conceito de letramento se refletem nas diversas prefixações e adjetivações que o termo tem recebido, a exemplo do *multi* e de palavras como digital, acadêmico, literário, entre outras, que procuram designar determinada faceta ou dimensão do fenômeno. Para além do campo acadêmico, o conceito de letramento tem apresentado grande alcance no ambiente educacional, sendo incorporado a documentos oficiais norteadores do ensino no país, a exemplo da Base Nacional Curricular Comum (BNCC) (Brasil, 2018) (Mafra *et al.*, 2022; Brum; Fuzer, 2019).

De modo semelhante, o conceito de gênero textual/discursivo se consolidou nos estudos da linguagem nas últimas décadas, e esses estudos têm demonstrado a centralidade dos gêneros para a compreensão e o ensino dos usos e fenômenos da língua e linguagem (Bezerra, 2017). Nas últimas três décadas, verifica-se uma expansão das pesquisas acadêmicas, dos eventos e das publicações sobre o tema e sua rápida apropriação no discurso e nas práticas pedagógicas, ainda que, eventualmente, esse processo possa envolver algum equívoco conceitual. Isso porque, compreendido "como uma categoria mediadora entre texto e discurso" (Bezerra, 2017, p. 11), o gênero tem se mostrado "um fenômeno irredutivelmente complexo" (Bezerra, 2022, p. 39).

Dada a sua complexidade, observada na polissemia do próprio termo, que frequentemente torna necessária a adjetivação para desambiguação do sentido, criando expressões cristalizadas, a exemplo de gêneros textuais/discursivos, não é de se espantar que existam diferentes definições e, consequentemente, diferentes abordagens teórico-metodológicas do conceito de gênero (Bezerra, 2022). Apesar das diferentes ênfases que cada abordagem pode dar às distintas dimensões dos gêneros, as principais teorias convergem para sua caracterização como "fenômenos sociocognitivos, interacionais, históricos e culturais de linguagem" (Bezerra, 2022, p. 40). Os gêneros, portanto, emergem como uma importante ferramenta conceitual para as pesquisas acadêmicas teóricas e aplicadas, resultando, inclusive, em diferentes perspectivas pedagógicas relacionadas ao ensino de ou por meio de gêneros.

Tendo em vista a importância dos conceitos de letramento e de gênero para o ensino de línguas e sua disseminação no contexto escolar, algumas pesquisas têm sido realizadas para investigar as apropriações desses conceitos pelos documentos oficiais norteadores do ensino no país e pelos manuais didáticos. Nesse sentido, são exemplares os estudos empreendidos por Brum e Fuzer (2019) e por Mafra *et al.* (2022) sobre as representações do conceito de letramento na BNCC; o trabalho de Borges (2012), que discute a maior ou menor aceitação por parte dos docentes brasileiros de diferentes perspectivas teóricas sobre os gêneros, com destaque para as abordagens da Escola de Genebra (interacionismo sociodiscursivo) e da "Escola Norte-Americana" (Estudos Retóricos de Gênero e Língua para Fins Específicos); e o de Alves (2015), que investiga qual concepção de gênero é predominante em duas coleções de livros didáticos de português aprovadas pelo Programa Nacional do Livro Didático (PNLD).

Além dessas, mencionamos o recente estudo de Lima-Neto e Bezerra (2025), cujo objetivo foi examinar como, do ponto de vista da pesquisa, a questão do ensino baseado em gêneros vem sendo tratada nas ciências da linguagem. Para isso, os pesquisadores empreendem um criterioso mapeamento das teses e dissertações acadêmicas (não profissionais) defendidas em programas de pós-graduação em estudos linguísticos do Nordeste brasileiro sobre ensino de língua materna a partir de gêneros, com foco no período de 2011 a 2021. Ressaltemos ainda que os programas profissionais não foram levados em conta no estudo de Lima-Neto e Bezerra (2025).

Embora esse seja um nicho frutífero, as pesquisas que se debruçam sobre as concepções de letramento e de gênero relacionadas ao ensino de língua portuguesa no país ainda precisam ser ampliadas, tendo em vista não só a dimensão geográfica, mas a diversidade teórico-metodológica que a aplicação desses conceitos suscita.

Considerando a amplitude que um empreendimento panorâmico desse tipo demanda, optamos por também realizar um recorte, voltando nosso olhar especificamente para as pesquisas desenvolvidas no Mestrado Profissional em Letras (Profletras). A opção se justifica devido às especificidades do Programa, dentre as quais destacam-se:

(i) o público-alvo[1], que se constitui de docentes efetivos/as atuantes nas escolas públicas de ensino básico e que têm a oportunidade de relacionar os conceitos teóricos acadêmicos dessa formação à sua prática em sala de aula;

[1] Em 2024, o Programa ampliou seu público-alvo, incluindo professores/as com graduação em Pedagogia, atuantes no Ensino Médio e sem vínculo efetivo nas redes públicas municipais e/ou estaduais.

(ii) o caráter aplicado das pesquisas, tendo em vista a exigência de elaboração e aplicação de uma proposta interventiva para as aulas de língua portuguesa;

(iii) sua abrangência em território nacional, uma vez que é oferecido em rede com unidades presentes nas cinco regiões do país desde o ano de 2013, quando o Profletras foi criado.

Tendo em vista o exposto, o objetivo deste estudo foi investigar como o conceito de letramento, em diálogo com o conceito de gênero, tem sido apropriado nas dissertações produzidas por egressos do Profletras. A fim de alcançar o objetivo proposto, realizamos um levantamento desses trabalhos finais no repositório institucional do referido Programa na instituição que o sedia (a Universidade Federal do Rio Grande do Norte) e analisamos quais perspectivas teórico-metodológicas relacionadas aos conceitos de letramento e gênero são mais recorrentemente mobilizadas.

O capítulo está organizado da seguinte forma: depois desta seção introdutória, são destacadas as principais abordagens para letramento(s); em seguida, são apresentadas as perspectivas de estudos sobre gênero; na sequência, caracterizamos o Profletras e evidenciamos algumas publicações sobre ou resultantes das pesquisas desenvolvidas no âmbito do Programa. Na continuidade, delineamos o percurso metodológico do estudo e analisamos os dados encontrados.

1. Letramentos: perspectivas e desenvolvimentos

Conforme os estudos sobre letramento historiam, esse termo foi utilizado pela primeira vez em pesquisas acadêmicas brasileiras em meados da década de 1980. De acordo com Lima (2019, p. 119), nesse período o conceito:

> alcunhou novas dimensões e perspectivas aplicadas, de modo que hoje é utilizado para nomear práticas sociais e culturais, que se relacionam com a leitura e a escrita, de forma crítica e participativa, dentre elas, a alfabeti-

zação, que representa parte do processo de letramento do sujeito, mediado pela ação da escola.

O termo não tem uma definição única, podendo "assumir sentidos distintos, dependendo dos contextos sócio-históricos e sociossubjetivos em que ela é empregada" (Mafra *et al.*, 2022, p. 409). Na literatura especializada, coexistem diferentes concepções de letramento, incluindo tanto aquelas centradas em aspectos mais formais de escrita, como as que enfocam aspectos psicológicos individuais e as que concebem o letramento como prática social. Um dos aspectos que apontam para a relevância de compreender as diferentes perspectivas relacionadas ao letramento e suas implicações está na percepção de que esse conceito é frequentemente apropriado pelas instituições, em âmbito nacional e internacional, impactando nas políticas públicas e nas práticas pedagógicas delineadas de acordo com a acepção utilizada (Mafra, *et al.* 2022).

Mafra *et al.* (2022), ao investigarem os conceitos subjacentes ao letramento a partir da ocorrência desse termo no documento da BNCC (2018), destacam três perspectivas relacionadas ao termo letramento(s): a cognitiva, a sociocultural e a educacional. A primeira delas, também chamada de psicológica, compreende o letramento como um conjunto de habilidades necessárias para ler e produzir textos. Nesse sentido, o letramento seria homogêneo, centrado no sujeito e "fruto de operações mentais subjetivas, neutras" (p. 414). Pesquisadores como David Olson, Sylvia Scribner e Michael Cole são representantes desta abordagem. Embora tenha surgido em meados da década de 1970, as influências deste modelo de letramento podem ser sentidas até os dias de hoje, reverberando em documentos internacionais, políticas públicas e sistemas de avaliação embasados em concepções autônomas, a exemplo das que privilegiam práticas dominantes de leitura e de escrita e que entendem o letramento como uma competência individual que pode ser medida por testes em larga escala (Bunzen, 2019 *apud* Mafra *et al.*, 2022).

A segunda perspectiva, também chamada de intercultural, está relacionada aos novos estudos de letramento inaugurados pelos estudos antropológicos, a exemplo dos empreendidos por Brian Street, em meados da década de 1980. No Brasil, tal abordagem é representada, por exemplo, pelos estudos de Ângela Kleiman. Essa perspectiva considera o letramento como prática social situada e, portanto, influenciada por fatores sócio-históricos e culturais, em oposição a um modelo de letramento autônomo, centrado nas habilidades individuais de leitura e escrita. Nesse sentido, o letramento pode ser compreendido

> como um percurso de inserção e participação do indivíduo no mundo da escrita, que acontece em diferentes instâncias sociais em que o sujeito vive, desde o seu nascimento e se estende durante toda a vida, envolvendo-se com as práticas de leitura e escrita formais ou não formais (Lima, 2019, p. 131).

A terceira perspectiva mencionada pelos autores é a educacional, também nomeada de pedagógica, utilizada para se referir ao conjunto de estudos sobre letramento desenvolvidos no Brasil a partir da década de 1980, quando o termo passa a ser utilizado nas pesquisas em linguística aplicada e em educação para diferenciar o processo de alfabetização que vai além da mera (de)codificação e sinaliza para a inserção nas práticas sociais. No cenário brasileiro, a pesquisadora Magda Soares figurou como representante central dessa perspectiva, realizando inúmeros estudos sobre o tema e influenciando documentos norteadores das práticas escolares no país. Em sua conhecida definição, o letramento é entendido como

> estado ou condição de indivíduos ou de grupos sociais de sociedades letradas que exercem efetivamente as práticas sociais de leitura e de escrita, participam competentemente de eventos de letramento. O que esta concepção acrescenta às anteriormente citadas [sociocultural e cognitiva] é o pressuposto de que indivíduos ou grupos sociais que dominam o uso da leitura e da escrita e, portanto, têm as habilidades e atitudes necessárias para uma participação ativa e competente em situações em que práticas de leitura e/ou de escrita têm uma função essencial, mantêm com os outros e com o mundo que os cerca formas de interação, atitudes, competências discursivas e cognitivas que lhes conferem um determinado e diferenciado

estado ou *condição* de inserção em uma sociedade letrada (Soares, 2002, p. 145-146 *apud* Mafra *et al.*, 2022, p. 414).

Na continuidade de sua discussão, Mafra *et al.* (2022) mencionam a pedagogia dos multiletramentos, porém não associada às três perspectivas sobre letramento anteriormente citadas. Isso porque consideram não se tratar de uma nova teoria que emerge para os estudos dos letramentos, mas apenas sinalizam que as tecnologias digitais de informação e comunicação inauguram mudanças significativas nas próprias práticas letradas: "Os novos letramentos envolvem saber usar o digital para participar socialmente, tanto na produção quanto na recepção dos textos/mídias" (p. 416).

Conforme os autores explicam, essa abordagem surgiu em meados da década de 1990 a partir do manifesto da pedagogia dos multiletramentos, elaborado por pesquisadores "interessados em linguagem e educação linguística" (Mafra, *et al.*, 2022, p. 414), que ficaram conhecidos como Grupo de Nova Londres. Essa pedagogia assume que os letramentos são múltiplos, tendo em vista a convergência de uma diversidade de recursos linguísticos, semióticos, culturais e tecnológicos nas práticas de linguagem contemporâneas. Nesse sentido, os multiletramentos, a multimodalidade e a multiculturalidade são conceitos associados a essa perspectiva, que tem a pesquisadora Roxane Rojo como uma autora representativa no contexto brasileiro.

Diferentemente de Mafra *et al.* (2022), para os fins deste capítulo, consideraremos a pedagogia dos multiletramentos como uma perspectiva particular, a que chamaremos de multissemiótica, em que o letramento "pode ser compreendido como uma prática sociocultural de engajamento do indivíduo em atividades sociais de prática de leitura, escrita e tantos outros modos de significação da linguagem" (Brum; Fuzer, 2019, p. 166). Justificamos essa opção tendo em vista que essa perspectiva mobiliza um conjunto de conceitos próprios para enfatizar as múltiplas linguagens, potencializadas pelas tecnologias digitais de informação e comunicação. Além disso, tem sido uma abordagem frequentemente mobilizada em pesquisas relacionadas ao ensino de língua, a exemplo das desenvolvidas no Profletras.

Adicionalmente, queremos acrescentar ao panorama proposto pelos autores a perspectiva dos letramentos literários, entendidos como "práticas sociais que envolvem leituras, escutas, ilustrações, *performances* e/ou escritas literárias" (Neves; Bunzen, 2021, p. 608). Esse conceito se popularizou no Brasil através das obras do estudioso Rildo Cosson, que propôs um modelo de sequência de atividades para a escolarização de textos literários. A sequência básica é composta por quatro etapas: a motivação, a introdução, a leitura e a interpretação e seria indicada para estudantes dos anos iniciais. Já a sequência expandida acrescenta às quatro etapas da sequência básica mais cinco momentos, sendo eles: primeira interpretação, contextualização, segunda interpretação, expansão e experiência reveladora. Essa sequência seria indicada para estudantes dos níveis mais avançados da escolarização básica (Cosson, 2006).

Em suma, considerando os objetivos desta investigação, selecionamos as seguintes perspectivas de estudos sobre letramento(s) como as principais abordagens utilizadas em pesquisas acadêmicas relativas ao tema no contexto brasileiro:

(i) Novos estudos do letramento (NEL);
(ii) Letramento educacional;
(iii) Grupo de Nova Londres;
(iv) Letramento literário.

Na análise de dissertações do Profletras, observaremos quais delas se apresentam como mais recorrentes. No próximo tópico, tratamos do conceito de gênero e suas principais abordagens teóricas.

2. Gêneros: abordagens teóricas e aplicações

Conforme Marcuschi (2008), a comunicação humana não ocorre através de unidades isoladas da língua, mas por meio de textos, cujos exemplares circulam socialmente remetendo a, evocando ou participando de um ou mais gêneros (Bezerra, 2022). Na tradição ocidental, o conceito de gêneros foi mais frequentemente relacionado aos gêneros literários, mas atualmente não se restringe a eles. Os estudos contemporâneos sobre gêneros são desenvolvidos principalmente em (sub)áreas da linguística aplicada e da linguística de texto (Pimentel, 2019). Na literatura especializada mais recente, é possível reconhecer quatro principais teorias ou "escolas" de gênero:

(i) Escola de Sidney;
(ii) Escola Britânica;
(iii) Escola Norte-Americana;
(iv) Escola Franco-Suíça.

Essas teorias podem ser associadas a três grupos: as tradições linguísticas, com ênfase no texto, das quais fazem parte as duas primeiras escolas; as tradições retóricas e sociológicas, que enfatizam o contexto, das quais faz parte a terceira; e a pedagógica, representada pela quarta abordagem (Bawarshi; Reiff, 2013; Bezerra, 2022).

A Escola de Sidney, também conhecida como escola australiana, está relacionada à perspectiva da linguística sistêmico-funcional (LSF) de M. Halliday e tem como autores representativos J. R. Martin e D. Rose. A pedagogia de gêneros desenvolvida por essa abordagem é conhecida pela ferramenta intitulada ciclo de ensino-aprendizagem e tem sido aplicada ao ensino explícito de gêneros na educação básica australiana.

A Escola Britânica, assim chamada por Bhatia (2004), e também conhecida como inglês para fins específicos (ou ESP, de English for Specific Purposes), tem como um de seus principais representantes os autores J. Swales e V. Bhatia. Assim como a anterior, essa perspectiva se alinha a uma proposta de ensino explícito de gêneros, no entanto difere quanto ao público-alvo a que se direciona em sua origem, estudantes da pós-graduação, em especial falantes não nativos do inglês. Nessa abordagem, J. Swales desenvolveu o modelo CARS (Create a Research Space, "Crie um Espaço de Pesquisa"), aplicado à análise de movimentos e passos retóricos na introdução do artigo científico. Inaugurada pelo modelo CARS, a análise de movimentos tem sido aplicada a diferentes gêneros, em diferentes contextos, especialmente os acadêmicos e profissionais (Bawarshi; Reiff, 2013).

Já na tradição retórica e sociológica, encontramos a Escola Norte-Americana, também chamada de estudos retóricos de gênero (ERG), que tem como autores mais representativos C. Miller e C. Bazerman. Os ERG enfocam os gêneros "como formas de cognição situada, ação social [...] ações sociocognitivas complexas e dinâmicas" (Bawarshi; Reiff, 2013, p. 82-83). Por essa razão, essa perspectiva questiona a eficácia do ensino explícito de gêneros, dada a complexidade de se ensinar uma prática social. Em resposta a essa problemática, autores/as dessa perspectiva têm sugerido pedagogias implícitas e até mesmo interativas.

Por fim, a Escola Franco-Suíça ou Escola de Genebra, baseada no interacionismo sociodiscursivo (ISD), foi desenvolvida por estudiosos como J.-P. Bronckart, J. Dolz e B. Schneuwly. Essa perspectiva se disseminou no contexto brasileiro a partir do modelo pedagógico chamado de sequência didática (SD), decorrente da modelização de um gênero e consistindo em "um conjunto de atividades escolares organizadas, de modo sistemático, em torno de um gênero oral ou escrito" (Dolz; Noverraz; Schneuwly, 2004, p. 97). Para os propósitos deste estudo, procuraremos identificar quais das quatro principais abordagens de estudos de gêneros predominam nas dissertações analisadas neste recorte.

Conforme Bezerra (2022, p. 41),

> há convergências e divergências entre os postulados das várias teorias. As aplicações ao ensino ou a outros campos da atividade humana também são as mais diferentes e guiadas por diferentes pressupostos.

Entre os pontos convergentes dessas perspectivas, está o fato de que elas enfatizam uma compreensão dos gêneros "como formas de conhecimento cultural que emolduram e medeiam conceitualmente a maneira como entendemos e agimos tipicamente em diversas situações", para além do reconhecimento de suas características formais (Bawarshi; Reiff, 2013, p. 16).

Nesse contexto, é importante ressaltar que, nas pesquisas acadêmicas, tais perspectivas são frequentemente colocadas em diálogo entre si ou com teorias relacionadas a outros conceitos, gerando interlocuções teóricas de diferentes tipos e em diferentes níveis, dando origem a abordagens mistas ou mestiças (Bezerra, 2017).

De modo análogo, é possível afirmar a respeito das perspectivas sobre letramentos discutidas no tópico anterior que também se aplica a prática de realização de interlocuções teóricas em diferentes níveis e para distintas finalidades, conforme se apresentará de modo mais claro na análise de nossos dados. Dando continuidade à discussão, a seguir apresentamos mais informações sobre o contexto em que foram produzidas as dissertações, a partir do detalhamento de informações sobre o Profletras. Em seguida, delineamos o percurso metodológico e discutimos os dados da análise.

3. Letramentos, gêneros e ensino de língua portuguesa: um olhar para os trabalhos finais do Profletras

O Profletras é um curso de pós-graduação *stricto sensu* instituído pela Portaria nº 1.009, de 10 de outubro de 2013, oferecido em rede nacional com sede na Universidade Federal do Rio Grande do Norte (UFRN), que conta com 58 unidades localizadas em 48 instituições de ensino superior públicas das cinco regiões do país. Algumas universidades dispõem de unidades em diferentes *campi*. O programa é direcionado a professores de língua portuguesa que estejam atuando no nível de ensino básico da rede pública e apresenta duas linhas de pesquisa:

(i) Estudos da linguagem e práticas sociais;
(ii) Estudos literários[2].

O Profletras se constitui como uma das ações vinculadas às políticas públicas voltadas à educação básica que visam promover práticas diferenciadas que "culminem em mudanças nos índices de alfabetização e letramento da sociedade brasileira" (Santos, 2016, p. 17). Conforme essa autora, que realizou um estudo sobre os impactos e resultados do Programa em duas unidades mato-grossenses, ele parte de uma perspectiva transdisciplinar para a qual convergem diferentes abordagens

---

[2] Informações do *site* do Programa (https://profletras.ufrn.br/organizacao/apresentacao).

no intento de formar docentes de LP [Língua Portuguesa] volvidos para a inovação em sala de aula. Espera-se, também, despertar uma postura de professor-pesquisador que, enquanto realiza as propostas de intervenção, reflita sobre os diferentes usos da linguagem na sociedade (Santos, 2016, p. 21).

Diferentemente do mestrado de tipo acadêmico, cuja ênfase está em aprofundar conhecimentos a partir da pesquisa científica, os mestrados profissionais "pretendem a formação continuada de sujeitos oriundos do mercado de trabalho aspirando à elaboração de novas técnicas e novos processos de produção" (Silva, 2021, p. 115).

Em pouco mais de uma década de implantação do Profletras, é possível supor impactos expressivos no que se refere à pesquisa aplicada ao ensino. Algumas pesquisas já apontam para as contribuições do programa em diferentes dimensões. Silva (2021, p. 114), por exemplo, que se propõe a realizar uma radiografia do ensino de leitura nas dissertações desse mestrado profissional, destaca as "diversas dissertações defendidas e propostas exitosas de intervenção em sala de aula, produtos didáticos variados, etc.". Em estudo sobre as contribuições da formação continuada oferecida pelo Profletras, a partir de dados recolhidos em entrevistas com docentes egressos da primeira turma (2013-2015) do Programa na unidade da Universidade Federal do Pará (UFPA), Santos (2018, p. 89) também conclui que o curso

> alcançou resultado positivo e contribuiu para uma prática autônoma, reflexiva e inovadora [...] todos revelam se perceberem como professores melhores, mais satisfeitos consigo, mais motivados pela resposta positiva dos alunos às inovações. Todos indicam ter adotado a prática de planejar atividades a partir das necessidades dos alunos em detrimento dos materiais pré-concebidos que lhes são impostos.

Valle, Sampaio e Alves (2024), para quem os impactos do Profletras "são imensos e fecundos", reforçam as contribuições desse programa ao destacarem o caráter integrativo entre teoria e prática inerente às pesquisas nele desenvolvidas, além da valorização dos saberes e das experiências dos docentes e dos diálogos que ajudam a promover a construção conjunta dos conhecimentos. Para as autoras, nesse contexto, os trabalhos dos mestrandos se constituem como "alternativas de enfrentamento aos desafios de transformação da sala de aula da língua materna, da educação básica" (p. 10) e o Programa se revela

> como um importante espaço de formação em rede, criando elos entre os professores formadores de professores de todo país, entre docentes de diferentes escolas de uma mesma região e entre atores da universidade e da rede de ensino básico (p. 11).

Nesta mesma direção, Santos (2016, p. 42) assevera que

> os estudos e práticas pedagógicas vivenciadas no âmbito do Profletras favoreceram a construção do acervo de conhecimentos inerentes à intertextualidade, interdiscursividade, procedimentos de sequência didática e análise discursiva, experiências formadoras que mobilizaram a criação, a interatividade e o protagonismo. Essas ações não somente dinamizaram as aulas, mas também possibilitaram a (re)invenção do fazer docente em tempos contemporâneos. Dito de outro modo, se as propostas de sala de aula apresentam-se significativas para os alunos, eles correspondem e se mostram interessados e conectados às novas tecnologias, atuando como sujeitos de suas práticas.

Dessa forma, tais estudos indicam um cenário positivo de contribuições do Programa em relação às pesquisas sobre o ensino de língua no contexto brasileiro. Somando-se às investigações a respeito do Profletras e seus possíveis impactos, nesse contexto emerge também um volume significativo de publicações que objetivam divulgar os frutos dos trabalhos produzidos no âmbito do Programa. Para além das dissertações, dos produtos pedagógicos e das publicações que podem ser consultados tanto no repositório institucional da sede do programa quanto nos repositórios individuais de cada unidade, destacamos quatro dossiês (e respectivos números temáticos) e três *e-books* que, em nosso entendimento, podem representar positivamente o conjunto geral dessas contribuições provenientes das unidades do Profletras[3].

---

[3] Neste sentido, para os propósitos deste capítulo, destacamos somente algumas publicações de dossiês em revistas acadêmicas e de *e-books*, a fim de ilustrar o volume e

A primeira publicação que destacamos é a do periódico brasileiro *Revista Letras & Letras*, que apresenta 3 números temáticos direcionados especificamente aos resultados de pesquisas do Profletras (volume 32, nº 2 e nº 4, de 2016, e volume 33, nº 1, de 2017), organizados por Maria Aparecida Resende Ottoni, Eliana Dias e Talita de Cássia Marine, todas da Universidade Federal de Uberlândia (UFU). Cada número apresenta um enfoque: o primeiro elege como temática *Resultados de pesquisas desenvolvidas no Profletras: caminhos possíveis*. O segundo se propõe a refletir sobre diferentes metodologias de ensino de língua portuguesa e o terceiro é voltado para as possibilidades de intervenção. Ao todo, os três volumes reúnem 43 artigos relacionados às dissertações desenvolvidas em unidades do Profletras de diferentes regiões do país que dão

> contribuições muito relevantes para o ensino de Língua Portuguesa no Brasil, com ênfase em diferentes aspectos envolvidos nesse ensino a partir de diferentes perspectivas teóricas (Ottoni; Dias; Marine, 2016, p. 15).

O segundo dossiê é intitulado *Profletras: contribuições para o ensino/aprendizagem de língua portuguesa*. Organizado por Mônica Magalhães Cavalcante, da Universidade Federal do Ceará (UFC), Celina Aparecida Garcia de Souza Nascimento e Silvelena Cosmo Dias, ambas da Universidade Federal do Mato Grosso do Sul (UFMS), constitui o volume 4, número 8, da *Revista Ensin@* da UFMS, publicado em dezembro de 2023. Além do texto de apresentação de autoria das organizadoras do dossiê, o volume traz uma entrevista com Maria das Graças Soares Rodrigues, primeira coordenadora nacional do Profletras, que recebe como título: "Os dez anos da criação e perspectivas do Profletras em rede nacional: trajetórias e desafios". Esse número é composto por 22 artigos elaborados por egressos e docentes do Programa.

---

diversidade de obras. Não se trata de um levantamento exaustivo. Para além das publicações nos suportes mencionados, como sugestão para pesquisas futuras, seria interessante ampliar esse levantamento, mapeando, por exemplo, os eventos locais, regionais e nacionais voltados especificamente à divulgação dos trabalhos promovidos pelas respectivas unidades do Programa; além da participação de mestrandos e egressos do Programa nos principais eventos nacionais da área.

O terceiro dossiê que destacamos se intitula *O Profletras e a prática pedagógica no ensino-aprendizagem de língua e literatura*, compondo dois números temáticos (nºs 2 e 3) do volume 9 da *Revista EntreLetras*, publicados em 2018. Em seu conjunto, os dois números reúnem o total de 56 produções entre artigos, produções literárias e entrevistas de autoria de pesquisadores que trabalham no âmbito do Programa. Divulgada em um momento em que o país atravessava uma grande polarização no cenário político que se refletia na propagação de discursos contra a ciência, de hostilização aos professores e de desinformação, a publicação foi considerada pelas organizadoras como uma forma de resistência.

Por fim, o quarto dossiê, mais recente, tem como temática *Os impactos do Profletras no ensino de língua portuguesa e literatura: observações do chão da escola* e foi publicado no nº 31 do periódico *Pensares em Revista* em 2024. A publicação foi organizada por Victoria Wilson da Costa Coelho e Carolina Scali Abritta, ambas da Universidade Estadual do Rio de Janeiro (UERJ), e Ana Crelia Penha Dias, da Universidade Federal do Rio de Janeiro (UFRJ), reunindo 9 artigos relacionados às pesquisas do ou sobre o Programa.

A respeito de coletâneas organizadas em *e-books*, destacamos a produção organizada por Silva e Ottoni (2019), intitulada *Contribuições oriundas do Profletras para o ensino de língua portuguesa e literatura no ensino fundamental*, com 14 capítulos resultantes de pesquisas do Programa, desenvolvidas em duas unidades da rede: a Universidade do Estado de Mato Grosso (UNEMAT) e a Universidade Federal de Uberlândia (UFU). Além disso, trata-se de trabalhos realizados nas disciplinas de Alfabetização e Letramento e Gêneros Discursivos/Textuais e Práticas Sociais. Para Maria da Penha Casado Alves, atual coordenadora nacional do Profletras, que prefacia a referida obra, o Programa

> tem mostrado que a díade teoria/prática tem sido dialogicamente concebida a fim de que esses discentes se vejam como professores-pesquisadores de suas práticas e sejam propositivos em produtos/processos que ressignifiquem o ensino de Língua Portuguesa (Alves, 2019, p. 6).

As propostas contemplam atividades de leitura e de produção de gêneros de diversas esferas da atividade humana, incluindo o seminário, o audiolivro, o *tweet*, o conto, as memórias literárias, entre outros.

Já Araújo, Costa e Moreira (2020) são as organizadoras do *e-book Gêneros textuais e ensino: propostas metodológicas de leitura e escrita*, cujos capítulos foram produzidos por estudantes do Profletras do Instituto Federal de Educação, Ciência e Tecnologia do Espírito Santo como atividade final da disciplina Texto e Ensino. Os capítulos mobilizam diferentes conceitos relacionados ao ensino de língua portuguesa, tais como gêneros e multiletramentos, e apresentam propostas de sequências didáticas a partir de gêneros orais e escritos diversos, a exemplo do debate regrado, do conto de enigma e mistério, do cordel, da charge e das HQs.

Por fim, destacamos a publicação de Lêdo, Bezerra e Costa-Maciel (2022), que organizaram o *e-book Língua portuguesa no ensino fundamental: subsídios didáticos*, reunindo um conjunto de recursos didáticos elaborados por egressos do Profletras da Universidade de Pernambuco (UPE). A obra se propõe a divulgar os produtos educacionais derivados dos trabalhos finais dos egressos do Programa e é composta por 9 capítulos que reúnem manuais, sequências didáticas, cadernos de atividades e roteiros para oficinas e projetos de letramento sobre gêneros diversos, relacionados aos diferentes eixos de ensino da língua. Em um formato de material ilustrado, colorido, com linguagem acessível e ênfase na prática (embora explicitem os fundamentos teóricos de cada proposta), o volume tem como principal público-alvo os docentes do ensino fundamental.

Com este breve panorama, procuramos exemplificar a quantidade e a heterogeneidade de publicações oriundas do Profletras. Nesse sentido, o conjunto das obras mencionadas e das demais produções que, em razão da limitação do espaço e do tempo, não foram contempladas neste levantamento

> representa o potencial desse Programa e poderá se constituir como fonte de estudo e pesquisa para professores de Língua Portuguesa de todo o país e para todos os interessados no ensino e na aprendizagem dessa língua e na formação continuada de professores (Ottoni; Dias; Marine, 2016, p. 15).

Todos os materiais apresentam a preocupação com um ensino de língua portuguesa contextualizado e inovador, pautado na diversidade de gêneros textuais/discursivos e, em maior ou menor grau, na multiplicidade de linguagens, na integração com as tecnologias digitais e na variação linguística, aspectos que podem possibilitar aos discentes "a assunção de um papel de protagonista no processo de construção de conhecimentos" (Ottoni; Dias; Marine, 2017, p. 8). Na sequência, descrevemos os procedimentos metodológicos adotados e analisamos os dados encontrados neste estudo.

4. Metodologia e análise dos dados

A fim de atingir o objetivo deste estudo – investigar como o conceito de letramento, em diálogo com o conceito de gênero, tem sido apropriado nas dissertações produzidas por egressos do Profletras –, realizamos uma pesquisa do termo letramento no campo do título no repositório institucional da sede do Programa, por meio da qual foram encontrados 424 resultados[4]. Em seguida, foram selecionadas as 30 primeiras dissertações pela ordem em que estão disponibilizadas nas páginas dos resultados. Após o recolhimento do *corpus*, foi realizada uma análise do título, do resumo, do sumário e, eventualmente, de maneira pontual, das demais seções da dissertação, com a finalidade de reconhecer em qual teoria de letramento e de gênero o estudo está embasado[5].

---

[4] Pesquisa realizada em 16 set. 2024. Foram desconsiderados os resultados em que o arquivo não estava disponível para *download* ou que não correspondia à dissertação, sendo recolhido o texto seguinte. Dessa maneira, todas as dissertações analisadas nesse recorte apresentam o termo em seu título, sinalizando a importância do conceito ou da perspectiva de letramento no trabalho. O recolhimento do *corpus* respeitou a sequência em que aparecem no site do repositório, que corresponde à ordem alfabética do nome dos/as autores/as, sendo limitadas ou inexistentes até a realização do presente estudo as opções de filtro e reorganização ou alteração dos resultados nesta ferramenta de busca.

[5] Com relação ao conceito de gênero nas dissertações do Profletras analisadas neste recorte, foi realizada uma busca em cada arquivo PDF do termo "gênero", a fim de identificar as perspectivas teóricas mobilizadas nas dissertações.

É importante ressaltar que o referido repositório, à época da busca, não se encontrava atualizado, de modo que não constam todas as dissertações defendidas no Programa, mas apenas trabalhos finalizados no período de 2015 a 2019[6]. Apesar de parcial, consideramos que esse período constitui um recorte representativo por uniformizar a amostra, uma vez que concentra as dissertações defendidas antes da pandemia de covid-19. A pandemia efetivamente pode ter impactado as produções tanto no que se refere à quantidade quanto ao formato da proposta, tendo em vista a resolução do Programa que permitiu como exceção nesse período a elaboração, por parte dos mestrandos, de atividades propositivas sem a obrigatoriedade de sua aplicação como intervenção em sala de aula.

Conforme discutido nos tópicos teóricos deste capítulo, elegemos as seguintes perspectivas de estudo sobre letramento:

(i) Novos estudos do letramento (NEL);
(ii) Letramento educacional;
(iii) Grupo de Nova Londres;
(iv) Letramentos literários.

No que se refere à abordagem de gênero, observaremos nas dissertações a predominância das teorias:

(i) Escola de Sidney;
(ii) Escola Britânica;
(iii) Escola Norte-Americana;
(iv) Escola Franco-Suíça ou de Genebra, além de seus respectivos conceitos e autores.

No recorte das 30 dissertações, estão contempladas 17 unidades da rede nacional do Profletras na seguinte proporção e ano de publicação, conforme sistematizado no quadro 1:

---

[6] É importante observar que as informações sobre a unidade de origem do trabalho eram inconsistentes; apresentamos aqui os dados retirados das dissertações depois do *download* do arquivo.

Quadro 1: Dissertações por unidades de origem e ano de publicação

Unidade do Profletras	Quantidade	Ano de publicação
Universidade do Estado de Mato Grosso – UNEMAT	3 trabalhos	2015-2019-2019
Universidade Federal de Sergipe (UFSE)	3 trabalhos	2015-2015-2018
Universidade Federal de Alagoas (UFAL)	1 trabalho	2017
Universidade Estadual do Rio Grande do Norte (UERN)	5 trabalhos	2015-2015-2016-2016-2019
Universidade Estadual de Montes Claros (Unimontes)	1 trabalho	2016
Universidade de Pernambuco (UPE)	2 trabalhos	2016-2019
Universidade Federal da Bahia (UFBA)	2 trabalhos	2018-2019
Universidade Federal de Uberlândia (UFU)	1 trabalho	2019
Universidade Federal de Campina Grande (UFCG)	2 trabalhos	2015-2015
Universidade Federal de Minas Gerais (UFMG)	1 trabalho	2019
Universidade Federal do Ceará (UFC)	1 trabalho	2016
Universidade Estadual de Santa Cruz – BA	1 trabalho	2015
Universidade Estadual do Norte do Paraná	2 trabalhos	2016-2017
Universidade Estadual de Feira de Santana – BA	1 trabalho	2016
Universidade Federal do Rio Grande do Norte (UFRN)	2 trabalhos	2018-2018
Universidade Estadual Paulista (Unesp)	1 trabalho	2019
Universidade Estadual de Londrina (UEL)	1 trabalho	2018

Fonte: elaboração própria

Observa-se que a unidade que apresentou mais dissertações foi a UERN, com 5 trabalhos dos 30 recolhidos. Quanto ao ano de publicação, houve a seguinte distribuição: 8 dissertações publicadas em 2015; 7 publicadas em 2016; 3 publicadas em 2017; 4 publicadas em 2018 e 8 publicadas em 2019.

No que se refere às perspectivas de letramento predominantes nos trabalhos, a partir da análise principalmente das seguintes seções: títulos, resumos e sumários das dissertações do nosso *corpus*, a classificação das dissertações obedeceu aos seguintes critérios:

(i) foram consideradas como relacionadas aos NEL ao fazerem referência predominante aos trabalhos de Brian Street e de Angela Kleiman, incluindo conceitos típicos dessa corrente tais como práticas e eventos de letramento ou a metodologia de projetos de letramento;

(ii) foram classificadas dentro da perspectiva educacional quando embasadas na perspectiva de Magda Soares, sem a presença dos conceitos delimitados pela proposta dos NEL;

(iii) foram consideradas como relacionadas ao Grupo de Nova Londres (GNL) as dissertações que embasaram o trabalho em autores como Theo Van Leeuwen e Roxane Rojo e em que foi explicitamente citado o termo multiletramento(s);

(iv) por fim, considerou-se como relacionada à abordagem dos letramentos lterários as dissertações em que predominou a abordagem de ensino da leitura do texto literário, conforme apresentada pelo autor Rildo Cosson.

Após a análise, constatou-se que 9 trabalhos recorrem aos fundamentos dos NEL; 7 estão embasados na abordagem do GNL; 1 está fundamentado na perspectiva educacional; e 13 estão fundamentados na abordagem dos letramentos literários, sendo esta a perspectiva mais recorrente na amostra. Esse resultado, de algum modo, é coerente com o encontrado pela radiografia de trabalhos do Profletras realizada por Silva (2021) a respeito especificamente do ensino do eixo de leitura nessas dissertações, em que o autor constatou a predominância dos gêneros literários (quase 42% da amostra de 100 dissertações).

Ainda no que se refere às perspectivas teóricas dos letramentos, observamos três tendências quanto à mobilização e ao eventual diálogo estabelecido entre aportes teóricos no tratamento desse conceito nas seções de teóricas das dissertações. A primeira delas é o recorte e alinhamento a uma perspectiva teórica específica. Nesse caso, ocorre o direcionamento para uma única teoria, que será a abordagem da qual serão retirados os conceitos de base da pesquisa, sem a realização de diálogos teóricos. É o caso da dissertação intitulada *O letramento literário: transcriação da poesia produzida em Mato Grosso em infopoema* (2015), fundamentada na perspectiva do letramento literário. Neste exemplo, o autor não menciona autores/as associados/as a outras abordagens de letramento, tais como Magda Soares, Angela Kleiman ou Roxane Rojo. Também é o caso do trabalho *Assembleia de classe como evento de letramento: entrelaçando saberes e fazeres* (2018), que mobilizou os conceitos da perspectiva dos novos estudos de letramento tanto na seção teórica quanto na proposta interventiva.

Uma segunda tendência, a mais recorrentemente realizada pelos autores das dissertações do nosso *corpus*, foi a filiação a uma corrente teórica específica, porém com a menção a autores/as relacionados/as a outras perspectivas. Essa estratégia apareceu principalmente quando o/a autor/a da dissertação recupera o percurso histórico do conceito de letramento no Brasil e/ou apresenta uma definição desse conceito (às vezes recuperando a distinção entre o conceito de alfabetização e o de letramento) e/ou para apresentar um panorama das diferentes perspectivas do conceito. Nesses casos, ocorre um diálogo mais pontual entre as abordagens teóricas.

Um exemplo de dissertação do nosso *corpus* que apresentou esse movimento foi a intitulada *Leitura de poesia no 9º ano do ensino fundamental: um caminho rumo ao letramento lírico* (2018), que tem como aporte teórico principal a perspectiva do letramento literário concebida por Rildo Cosson, mas recorre à clássica definição de letramento de Magda Soares – sem, no entanto, que essa perspectiva tenha um papel significativo na fundamentação teórica do trabalho ou na intervenção realizada em sala de aula. O diálogo teórico é promovido de maneira justaposta e acessória somente na parte teórica do estudo.

De modo semelhante, na dissertação *A reconstrução identitária do nordestino a partir de charges sobre a seca: uma prática de letramento multimodal crítico na aula de língua materna* (2016), a autora elege como aporte teórico principal a perspectiva dos multiletramentos, mobilizando os pressupostos da gramática do design visual (GDV), ao passo que na discussão teórica sobre letramento menciona autores de diferentes abordagens, tais como Magda Soares, Angela Kleiman, Brian Street, Roxane Rojo e Paulo Freire, com vistas à caracterização do conceito de letramento crítico.

A terceira tendência observada é a mobilização de autores/as de perspectivas teóricas distintas sobre o conceito de letramento, às vezes dificultando a identificação de qual abordagem é a principal na pesquisa desenvolvida. Em outros casos, pela natureza do gênero textual/discursivo selecionado, a/o autor/a sente a necessidade de recorrer a diferentes aportes que possam dar conta de determinada faceta daquele objeto. Quando, por exemplo, se aborda um gênero literário em suporte digital, é possível que o/a autor/a ponha em diálogo as teorias dos multiletramentos e as do letramento literário. Diferentemente da tendência anterior, em que se reconhece de fato uma teoria principal, nesta nota-se que as teorias representam eixos da pesquisa, apresentam um papel relevante ou, ainda, são mobilizadas de modo a não ser possível distinguir qual delas predomina no estudo.

Em nossa avaliação, essa interlocução não cria um "produto novo", mas as teorias são trazidas para o texto acadêmico numa tentativa de se apropriar do "melhor" ou da contribuição que determinada teoria acarreta para a realização da pesquisa. Essa estratégia, inclusive, pode não se limitar às teorias do(s) letramento(s), o recorte desta análise, mas se referir a um diálogo ampliado entre perspectivas teóricas de modo geral. Como exemplo, temos a dissertação *Do letramento da letra ao letramento crítico: além da sala de aula por meio do jornal escolar online* (2019), que mobiliza os aportes teóricos de Angela Kleiman, Paulo Freire e Roxane Rojo em diálogo com a análise crítica do discurso na perspectiva de Norman Fairclough, representando interlocuções não somente entre teorias do letramento. Semelhantemente, na dissertação *Os multiletramentos na formação do leitor: o hipertexto numa releitura crítica de textos da literatura sergipana*, a autora mobiliza as perspectivas dos multiletramentos e do letramento literário em favor da realização de sua pesquisa interventiva sobre contos mediados pelas tecnologias digitais de informação e comunicação.

Vale destacar, ainda, a grande recorrência de menções a Magda Soares e a Paulo Freire. Em termos quantitativos, M. Soares foi mencionada em 23 das 30 dissertações que compõem nosso *corpus* e P. Freire apareceu em 20. Embora não utilize o termo letramento(s), Freire se tornou mundialmente (re)conhecido pela defesa de uma perspectiva crítica de alfabetização, com vistas ao desenvolvimento da autonomia dos estudantes e do desvelar do caráter político das práticas escolares, aspectos que vão ao encontro da perspectiva dos letramentos no modelo ideológico. Com isso, assim como Magda Soares, Paulo Freire figura como "consenso teórico" (Bezerra, 2017; Pimentel, 2019) para as pesquisas que recorrem aos estudos dos letramentos.

Quadro 2: Tipos de diálogo entre as perspectivas de letramento nas dissertações do Profletras

Alinhamento a uma teoria específica	Presença de teoria central com diálogos pontuais	Estabelecimento de diálogos múltiplos entre teorias
3 trabalhos	21 trabalhos	6 trabalhos

Fonte: elaboração própria

No que se refere às interlocuções estabelecidas pelos autores das dissertações entre as teorias dos letramentos e os conceitos de gênero, observou-se a prevalência de pesquisas voltadas ao eixo da leitura, presente em 23 das 30 dissertações, seguido do eixo de produção escrita, representado em 16 trabalhos[7]. Uma diversidade de gêneros foi mobilizada nas dissertações: além dos 18 mencionados no quadro 3, há estudos, em especial aqueles que utilizam a metodologia de projeto de letramento, que não se organizam a partir de um único gênero, mas de vários. Um exemplo é a dissertação *Assembleia de classe como evento de letramento: entrelaçando saberes e fazeres* (2018). Conforme demonstrado na figura 1 a seguir, ela engloba uma rede de gêneros relacionados ao evento assembleia de classe no projeto de letramento desenvolvido em uma turma do 7º ano de uma escola pública do Rio Grande do Norte:

Quadro 3: Diversidade de gêneros mobilizados nas dissertações do *corpus*

Poema – Poesia – Crônica – Charge – Relato Pessoal – Notícia – Reportagem – Redação escolar Vídeo-resenha – Fanfics – Conto de mistério, suspense e terror – Canção – Parábola Artigo de opinião – Conto infantil – Autobiografia – Cordel – Anúncio publicitário

Fonte: elaboração própria

[7] Nesta quantificação, estão incluídas as pesquisas que contemplam mais de um eixo (leitura + escrita; leitura + escrita + oralidade).

Figura 1: Rede de gêneros em um projeto de letramento

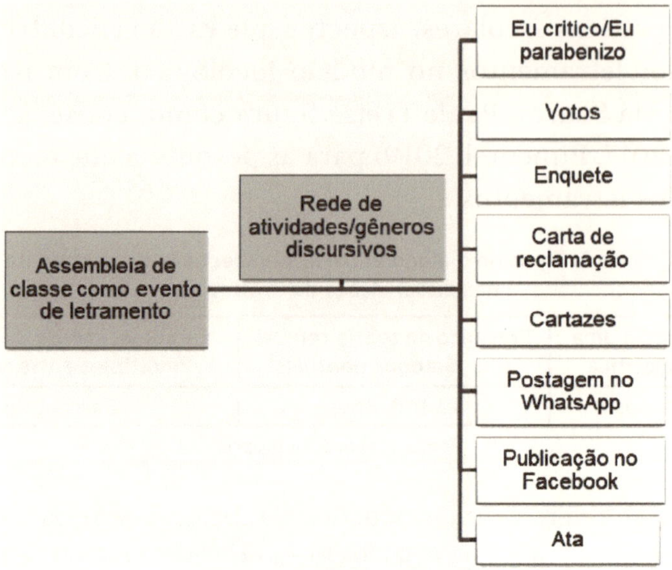

Fonte: Cabral (2018, p. 69)

A maior parte das pesquisas, 16 das 30 dissertações do nosso *corpus*, elege as turmas dos anos finais do ensino fundamental (8º e 9º anos) para a aplicação da intervenção. A sequência didática é a metodologia mais recorrente — incluindo o modelo didático de Noverraz, Dolz e Schneuwly e as sequências básicas e expandidas para o ensino de leitura de R. Cosson[8].

Quadro 4: Metodologias didáticas mobilizadas nas intervenções das pesquisas do Profletras

Sequência básica de leitura 4
Sequência expandida de leitura 1
Sequência didática 11
Prática de letramento multimodal crítico 3
Projeto de letramento 5
Projeto educacional de intervenção 1
Projeto de ensino 1
Projeto de leitura 1
Sequência de atividades 1
Oficinas de leitura e compreensão 1
Modelo didático de letramento literário 1

Fonte: Elaboração própria

[8] Nomeamos a metodologia conforme a terminologia informada pelo/a autor/a.

De modo geral, parte significativa das dissertações não apresentam uma seção específica para a discussão do conceito de gênero textual/discursivo, a exemplo das pesquisas *Escola e paradidáticos: uma proposta de trabalho com os multiletramentos* (2019) e *Reflexões sobre a reescrita de/para reexistência: um projeto de letramento da oficina de redação para concursos na Escola Parque- Salvador-Bahia*, cujos sumários estão reproduzidos na figura 2.

Figura 2: Sumários de dissertações sem um tópico específico para a discussão do conceito de gênero

Fontes: Aulleta (2019, p. 11) e Ramos (2018, p. 12)

Quando as dissertações fazem referência a alguma definição de gênero textual/discursivo, especialmente as que se fundamentam na perspectiva do letramento literário, recorrem à classificação tradicional da tríade dos gêneros literários (dramático, lírico e épico). Já nos trabalhos fundamentados em perspectivas linguísticas, textuais ou discursivas, são mencionados diferentes autores de perspectivas distintas, conforme quadro 5 a seguir:

Quadro 5: Autores/as mobilizados na definição do conceito de gênero

L. A. Marcuschi
M. Bakhtin
B. Schneuwly
C. Bazerman
N. Fairclough
D. Motta-Roth
R. Rojo
B. Bezerra
J. Swales

Fonte: elaboração própria

Tendo em vista que a categoria de gênero apareceu de forma mais difusa nas dissertações, realizamos a busca pelo termo "gênero" em cada arquivo. Em todos os trabalhos, o termo apareceu, mas frequentemente não estava associado a nenhuma das tradições dos estudos sobre gênero mencionadas na seção teórica deste estudo. Nesse contexto, a referência ao conceito, em especial nas pesquisas sobre letramento literário, foi feita com base na tríade tradicional de classificação dos gêneros em épico, lírico e dramático. Adicionalmente, o apoio para a menção ao conceito ocorreu com base nos documentos oficiais norteadores da educação no Brasil, a exemplo dos Parâmetros Curriculares Nacionais. Das 30 dissertações, 13 não mencionam nenhuma das quatro principais tradições dos estudos de gênero. Nesses casos, o termo aparece seguido de algum adjetivo, como literário, narrativo, lírico, poético, policial, jornalístico, sem maior fundamentação ou precisão conceitual.

Quanto às recorrências, observou-se a forte presença dos autores M. Bakhtin, citado em 13 das 30 dissertações, e L. A. Marcuschi, citado em 10 dissertações. Isso já era esperado, tendo em vista os achados de pesquisas anteriores, tais como a de Bezerra (2017) e de Pimentel (2019), que os consideraram consensos teóricos sobre o tema. A escola mais recorrente no *corpus* foi a Franco-Suíça (ISD), fundamentalmente pela utilização da sequência didática como principal ferramenta pedagógica nas propostas interventivas. Esse dado também não nos surpreendeu, tendo em vista a grande disseminação dessa metodologia no cenário escolar, assim como sua incorporação em livros didáticos, *sites* de conteúdo educacional e concursos como as Olimpíadas de Língua Portuguesa.

Palavras finais

Já é possível vislumbrar os frutos que estão sendo colhidos na quantidade expressiva de pesquisas interventivas realizadas no âmbito do Profletras, o que representa certa aproximação entre as instituições de ensino superior e as escolas da rede básica (Silva, 2016). O fortalecimento do vínculo entre os envolvidos nas pesquisas, bem como a consolidação da identidade do professor-pesquisador,

> reafirma nos mestrandos a importância da escola básica enquanto *lócus* de produção de conhecimento e não de reprodução de teorias que não dialogam com a realidade vivida pelos professores; e lança o olhar para este espaço como lugar de produção de uma ecologia de saberes (Santos, 2007) (Valle; Sampaio; Alves, 2024, p. 22).

O objetivo deste capítulo foi investigar como o conceito de letramento, em diálogo com o conceito de gênero, tem sido apropriado nas dissertações produzidas por egressos do Profletras. Para alcançá-lo, construímos um panorama das principais teorias sobre letramento(s) e sobre gêneros textuais/discursivos. Em seguida, sistematizamos algumas pesquisas já feitas, a fim de compreender suas contribuições e de contextualizar os trabalhos desenvolvidos ao longo desses anos de funcionamento do Profletras nas diversas unidades espalhadas pelo país. Apesar da diversidade e dos desafios intrínsecos ao empreendimento de um curso de pós-graduação *stricto sensu* em rede nacional, "a unidade do Profletras se constitui pela heterogeneidade, que adensa e complexifica a compreensão de um projeto construído coletivamente" (Alves; Campos; Silva, 2018, p. 2).

Pela análise das dissertações do nosso *corpus*, foi possível observar que as pesquisas se pautam em interlocuções teóricas e metodológicas diversificadas sobre letramentos e gêneros, que mobilizam diferentes autores. Embora sejam promovidos diálogos teóricos produtivos, na maioria das dissertações, é possível identificar uma abordagem principal a partir da qual o trabalho é desenvolvido. As perspectivas mais recorrentes na amostra de dissertações analisadas foram a dos letramentos literários, a partir da proposta de Rildo Cosson, e a do interacionismo sociodiscursivo, teoria da qual deriva a sequência didática.

Em nossa análise, tanto nas dissertações em que foram estabelecidos diálogos teóricos mais pontuais frente a uma teoria central, quanto nas que fomentaram interlocuções teóricas mais amplas, com a mobilização de mais de uma teoria sobre letramentos com papel relevante na pesquisa, não houve a criação de uma perspectiva mista mais ampla, que tenha dado origem a uma concepção própria oriunda dessa junção, semelhante ao conceito de macroteoria, conforme discute Bezerra (2017) ao se referir aos diálogos realizados entre as teorias de gêneros textuais/discursivos no país.

Aparentemente, nas pesquisas com foco em letramentos, até pelo seu caráter interventivo, o conceito de gênero está presente, confirmando a sua centralidade no ensino de língua. No entanto, não há preocupação em destinar uma seção específica para seu tratamento, como fazem ao abordar o conceito de letramento, dando a este maior evidência do que àquele. Um número expressivo das dissertações do nosso *corpus* não apresentou uma seção específica para a abordagem do conceito de gênero, tratando o conceito de forma difusa e pouco sistematizada em comparação ao conceito de letramento. Além disso, poucas dissertações se alinharam a uma das quatro principais perspectivas teóricas sobre gêneros delineadas neste capítulo.

Tanto na abordagem dos letramentos quanto na dos gêneros, as/os autoras/es das dissertações constroem sua fundamentação teórica com base em estudiosos/as consagrados/as da área. Nesse sentido, Paulo Freire e Magda Soares são recorrentemente citados nos trabalhos quando tratam sobre letramento e Mikhail Bakhtin e Luiz Antônio Marcuschi quando abordam o conceito de gênero.

O desenvolvimento de mais estudos sobre as interlocuções teórico-metodológicas empreendidas no âmbito do Profletras, além de dar visibilidade às pesquisas acadêmicas e aos recursos didáticos desenvolvidos, podem ajudar a fortalecer os mestrados profissionais e minimizar as dificuldades enfrentadas pelos/as mestrandos/as. Entre essas dificuldades, estão o insucesso em negociar a redução da elevada carga horária de trabalho para se dedicar à pesquisa e a indisponibilidade de bolsas de estudos para todos/as os/as estudantes, incentivos descontinuados logo após as primeiras turmas, e que facilitavam a permanência dos estudantes no curso, permitindo a condução da pesquisa sem maiores sobressaltos.

Faz-se necessário o maior aprofundamento dessa e de outras questões em pesquisas futuras, a partir, por exemplo, da análise de um *corpus* mais amplo de dissertações e respectivos produtos didáticos, a fim de compreender tanto os diálogos teórico-metodológicos como seus impactos de modo mais detalhado.

Capítulo 5

Letramentos, identidade e intertextualidade na escrita do artigo científico

Primeiras palavras

Ao longo de sua trajetória em um curso de graduação, o estudante se depara com a necessidade de construir uma identidade[1] social compatível com sua inserção no ambiente acadêmico. Institucionalmente falando, outros atores nesse ambiente, especialmente professores, cultivam uma série de expectativas sobre quem é e como deve agir o estudante no que diz respeito às práticas típicas da academia, como evidenciam estudos realizados por Lea e Street (1998) e Hoffnagel (2010), entre outros. Em meio a essas expectativas, um aspecto constitutivo da identidade acadêmica da qual o estudante deve se investir diz respeito à maneira como lidará com os diversos gêneros de textos científicos que, na leitura ou na escrita, passam a fazer parte de sua vida, pois integram centralmente as práticas e eventos de letramento dos quais começa a participar.

Como tem sido reiterado em capítulos anteriores, tanto as práticas como os eventos de letramentos que orientam a vida na universidade se apresentam, em geral, como novos para o estudante de graduação. As práticas de letramento conduzem à realização mais ou menos recorrente de eventos de letramento que tipicamente incluem

---

[1] Compreendemos identidade como um fenômeno plural, de modo que se trata sempre de *identidades*, ainda quando o termo não se encontra linguisticamente marcado. Além disso, a identidade é vista como construída interacionalmente, sendo o aspecto discursivo um dos principais fatores dessa construção, como ficará mais claro adiante neste capítulo.

a produção ou a recepção de gêneros acadêmicos de prestígio que variam de acordo com os campos disciplinares. O artigo científico, particularmente, desfruta de um *status* especial como o gênero de maior visibilidade e centralidade em boa parte das disciplinas. Parece claro que o artigo científico detém esse *status*, por exemplo, na área de Letras/linguística, campo em que se inserem os textos que serão analisados neste capítulo. Para efeitos de avaliação de projetos, cursos e programas de pós-graduação por órgãos de fomento como a Coordenação de Aperfeiçoamento de Pessoal de Ensino Superior (Capes), a produção do artigo científico pelos pesquisadores é a mais valorizada na área de Letras/linguística.

Dada a relevância de compreender aspectos da relação entre as práticas e eventos de letramento correntes na universidade e a construção de identidades por alunos de graduação, o objetivo da pesquisa que deu origem a este capítulo foi examinar, à luz de aportes teóricos provenientes de abordagens diversas como os estudos culturais, os novos estudos de letramento e as teorias de gêneros textuais/discursivos e a produção de artigos científicos por estudantes de Letras como parte do processo de inserção desses estudantes nas referidas práticas e eventos no ambiente acadêmico. Mais especificamente, enfatiza-se a intertextualidade como um traço visível desse processo de construção de identidade e de letramentos acadêmicos por parte do estudante.

Para os fins a que se propõe, este capítulo foi organizado em cinco tópicos que se concentraram respectivamente: primeiro, em explicitar a concepção de identidade com a qual trabalhamos, parcialmente baseada em aportes dos estudos culturais, bem como sua relação com a linguagem e o discurso; segundo, em destacar a perspectiva dos letramentos como prática social na abordagem dos novos estudos de letramento, relacionando-os com a construção discursiva da identidade via escrita acadêmica; terceiro, em enfocar, na escrita acadêmica, a intertextualidade como índice da construção discursiva da identidade do estudante, assim como sua relação com a noção de plágio; quarto, em especificar, a partir das teorias de gênero baseadas em Swales (1990), Miller (2012) e Bazerman (2005), uma concepção de gênero textual/discursivo com foco na produção do artigo científico; e, finalmente, em analisar aspectos da intertextualidade em um pequeno *corpus* de artigos científicos produzidos por alunos de graduação em Letras, apresentando exemplos que potencialmente contribuam para evidenciar o processo e as tentativas de construção da identidade letrada desses alunos no ambiente acadêmico por meio da produção de textos no referido gênero.

1. Identidade, linguagem e discurso

Especialmente no tocante à oposição entre concepções essencialistas e não essencialistas, a identidade tem sido um tema bastante debatido em diversos campos das ciências humanas e sociais, inclusive e talvez até especialmente em estudos relacionados à linguagem e ao discurso[2]. Hoffnagel (2010) chama a atenção para o fato de que o termo *identidade* se tornou tão comum e é utilizado com tanta frequência que nem mesmo as áreas disciplinares que o tomam como objeto específico de estudo chegam facilmente a uma definição consensual. Segundo a autora, por vezes se usa *identidade* como algo próximo de *personalidade* ou então como um conjunto de atributos sociodemográficos capazes de agrupar os indivíduos em grupos sociais ou distingui-los entre si. Nessa direção, a tendência é ressaltar aspectos essencialistas, considerando, portanto, a identidade como algo predeterminado, fixo e imutável.

Entretanto, o posicionamento de Hoffnagel (2010, p. 64), com o qual nos alinhamos, é que a identidade é "uma realização interacional, negociada e alcançada em eventos comuns, como traços constitutivos de encontros sociais". Ademais, a nosso ver, esses "eventos comuns" não devem ser compreendidos como eventos informais coti-

---

[2] Discurso é aqui entendido, por um lado, no sentido dos estudos mais atuais da linguística de texto, como indissociável do texto e não apenas como "materializado em textos", o que não impede, por outro lado, que o discurso seja visto como "uma forma de agir sobre o mundo e sobre as pessoas, ou uma forma de representação do próprio mundo e das pessoas no mundo", como definem Cavalcante e Custódio Filho (2010, p. 58).

dianos ou a eles reduzidos, mas devem alcançar eventos mais formais e ritualizados como aqueles a que o estudante de graduação precisa se submeter para construir sua *persona* social no ambiente acadêmico. Nesses múltiplos eventos sociais, distribuídos ao longo do tempo e de diferentes contextos, a identidade se revela como um fenômeno complexo, instável e plural. Dito de outra forma, diferentes identidades são construídas, assumidas ou atribuídas às pessoas nos diferentes contextos sociais, à medida que esses contextos "fazem com que nos envolvamos em diferentes significados sociais" (Woodward, 2012, p. 31). Para essa autora, "a complexidade da vida moderna exige que assumamos diferentes identidades" (p. 32), inclusive identidades que podem entrar em conflito. Muitas dessas identidades se caracterizam como uma questão de afiliação e não como resultado de fatores fixos e predeterminados tais como parentesco, nacionalidade e outros (Bazerman, 2009).

Um aspecto central e particularmente relevante para este capítulo é a relação entre linguagem/discurso e identidade, pois as identidades "adquirem sentido por meio da linguagem e dos sistemas simbólicos pelos quais elas são representadas" (Woodward, 2012, p. 8). Na concepção de Hall (2012, p. 109), uma vez que as identidades são construídas a partir do discurso, torna-se necessário "compreendê-las como produzidas em locais históricos e institucionais específicos, no interior de formações e práticas discursivas específicas, por estratégias e iniciativas específicas". O discurso e a construção da identidade são fenômenos situados e não dados de maneira fixa e universalizável.

Assim, de acordo com Moita Lopes (2002, p. 31), considerar o discurso como uma forma de construção social da identidade é "analisar como os participantes envolvidos na construção do significado estão agindo no mundo por meio da linguagem", que simultaneamente constitui e é constituída por essa ação dos sujeitos sociais. Isso corresponde a afirmar que a identidade é, pelo menos parcialmente, o resultado de um "ato de criação linguística" (Silva, 2012, p. 76), o que nos leva a considerar, entretanto, o caráter potencialmente ambíguo do termo "criação linguística". A construção de sentidos é muito mais uma questão de ação no mundo pela linguagem do que de criação linguística em sentido mais formal.

Para Ivanič, expressões como *seleção, opções* e *escolhas linguísticas* podem ser "perigosamente enganosas" (1998, p. 54) se implicarem que um determinado escritor é capaz de escolher livremente entre alternativas, ou que as escolhas são uma questão de arbítrio individual ou de opção consciente. Para a autora, um importante componente da construção discursiva da identidade são precisamente os atos inconscientes de seleção entre alternativas por parte da pessoa que escreve. Todavia, a própria noção de seleção já é socialmente construída, pois está sujeita a restrições de fatores sociais e à influência de convenções sócio-historicamente situadas. Assim, conforme Ivanič, a construção discursiva da identidade do escritor em termos de um estilo "próprio" ou, antes, de um estilo "apropriado" por ele como aquele com o qual deseja se identificar, entre diversos discursos socialmente disponíveis, resulta do conjunto de recursos mediacionais (gêneros de texto/discurso, por exemplo) ao qual aquele escritor tem acesso, bem como dos padrões de escolha socialmente condicionados que caracterizam esses recursos.

Admitido o papel central do discurso e da linguagem na construção da identidade em um sentido mais geral, parece inevitável inferir que esse papel será ainda mais preponderante no caso da construção da identidade relativa à escrita acadêmica especificamente ou, noutros termos, no caso da construção discursiva da identidade do escritor no contexto acadêmico.

2. Letramentos, identidade e escrita acadêmica

Aqui adotamos como ponto de partida a tese defendida por Ivanič (1998), para quem a escrita é um "ato de identidade" pelo qual as pessoas se alinham a possibilidades socioculturalmente delineadas de estar no mundo, reproduzindo ou contestando valores, crenças e interesses característicos de práticas e discursos dominantes. É particularmente o caso dos estudantes de cursos de graduação, que, ao ingressarem no novo mundo da universidade, "provavelmente descobrirão que seus discursos e práticas [da universidade] dão suporte a identidades diferentes daquelas que eles trazem consigo" (Ivanič, 1998, p. 33).

Do ponto de vista dos novos estudos de letramento, essa concepção da escrita acadêmica se alinha com a noção do modelo ideológico de letramento, por oposição ao modelo autônomo (Street, 1984), e assim caracteriza a escrita como uma prática social sujeita a uma série de restrições e condicionamentos sócio-históricos e culturais, não se configurando, por exemplo, como uma habilidade adquirida de uma vez por todas (na educação básica, provavelmente) e transferível para o novo contexto de uso, a universidade.

A propósito disso, como vimos em capítulo anterior, Lea e Street (1998, 2006) propõem que a escrita acadêmica seja tratada a partir da perspectiva dos *letramentos acadêmicos,* por contraposição às perspectivas das habilidades de estudo e da socialização acadêmica. A perspectiva dos letramentos acadêmicos procura dedicar uma atenção especial "às relações de poder, autoridade, produção de sentidos e *identidade* que estão implícitas no uso de práticas de letramento em contextos institucionais específicos" (Lea; Street, 2006, p. 229), e não apenas às habilidades linguísticas ou à socialização do estudante em disciplinas específicas (grifos nossos).

É nessa perspectiva que Ivanič (1998) discute a relação entre escrita acadêmica, letramentos e identidade. Para a autora, o letramento pode ser entendido com ênfase nas habilidades ou nos modos de uso da escrita. Para dar conta desse último sentido, Ivanič adota a noção de "ecologia do letramento", em conformidade com a metáfora proposta por Barton (1994). Assim, o foco do letramento se concentra na atividade social, de modo que "os atos reconhecíveis de leitura e escrita se tornaram o que são em virtude das necessidades e dos propósitos sociais que procuraram atender em sua evolução" (Ivanič, 1998, p. 62). Essa visão ecológica do letramento evidencia os múltiplos eventos de letramento em que se envolve, por exemplo, o estudante na tarefa de produzir um artigo científico. Uma vez que os eventos de letramento se definem como aqueles em que os textos desempenham um papel central, Ivanič ressalta que a visão ecológica do letramento apresenta um valor significativo para uma teoria da identidade do escritor ao pautar "a maneira como a identidade das pessoas é implicada e construída tanto por suas atividades letradas como por suas escolhas linguísticas" (1998, p. 64).

Ivanič utiliza ainda outro conceito central nos novos estudos de letramento, o de práticas de letramento, para fazer a relação entre cultura e identidade. É através das práticas de letramento, entendidas como um aspecto das práticas sociais, que os indivíduos se alinham a valores, crenças e interesses particulares. Conforme a autora, a noção de práticas de letramento é "particularmente relevante" para o estudo da identidade na escrita acadêmica, uma vez que devem ser vistas como "as respostas de uma pessoa ou grupo a uma determinada demanda da vida que de alguma forma envolve a linguagem" (Ivanič, 1998, p. 67). Os estudantes universitários são pessoas que enfrentam o desafio de construir um novo aspecto de sua identidade assumindo-se como membros da comunidade acadêmica. Para isso, precisam lidar com valores que eventualmente entrarão em conflito com outros aspectos de sua identidade. Assim como a identidade, também o letramento será uma construção contínua e não algo dado de uma vez por todas.

O envolvimento contínuo e crescente do aluno com a leitura e a produção dos gêneros mais valorizados na universidade, ou seja, sua inserção nas práticas e eventos de letramento que cercam o discurso acadêmico, será um fator decisivo para a construção da sua identidade como participante legítimo e legitimado do ambiente acadêmico. A participação do aluno, do ponto de vista da relação entre identidade e diferença a que se referem Woodward, Silva e Hall (2012), será sensivelmente marcada por oposição à participação do professor ou pesquisador, este visto como aquele que "sabe" e o aluno, como aquele que "está aprendendo". Em ambos os casos, a identidade será um fator crucial para a compreensão da escrita acadêmica, uma vez que também esta, como qualquer outra forma de escrita, realiza-se em profunda imbricação com o contexto social (Ivanič, 1998).

3. Intertextualidade e plágio na escrita acadêmica

Ainda seguindo a perspectiva de Ivanič (1998), destacamos a relação entre intertextualidade e plágio como uma questão crucial na escrita acadêmica em geral e particularmente na escrita de estudantes no ensino superior. Trata-se de uma questão que, ademais, apresenta fortes implicações para uma discussão sobre a identidade do estudante como escritor no ambiente acadêmico ou, como quer a autora, fazendo uma leitura crítica do conceito popularizado por Swales (1990), em uma comunidade discursiva acadêmica.

Levando-se em conta o que diz Porter (*apud* Ivanič, 1998) sobre a intertextualidade, é possível compreendê-la como um aspecto central do processo pelo qual o estudante procura se apropriar dos discursos da comunidade acadêmica. Dessa forma, os estudantes estão "reproduzindo outros textos no seu próprio texto na tentativa de escrever algo aceitável para a comunidade" (Ivanič, 1998, p. 84). Trata-se, em última instância, de uma caminhada empreendida pelo estudante em busca de uma "voz pessoal" na escrita acadêmica. A questão crucial para os estudantes diz respeito à manutenção das fronteiras entre o que a academia considera como intertextualidade, isto é, o uso adequado dos textos de terceiros, documentado pela citação e correspondente referenciação bibliográfica, e o plágio, visto como a apropriação dos textos alheios sem conceder aos autores os devidos créditos conforme determina a ética do discurso acadêmico.

Outra forma de tratar a questão tem a ver com a relação entre imitação e modelagem da identidade. Para autores como Brooke (*apud* Ivanič, 1998), discutindo o letramento literário e não o acadêmico, o estudante ou o escritor em geral aprende a escrever não pela imitação de textos ou processos, mas pela imitação de outro escritor. De acordo com o autor, mais do que imitar formas, estilos e processos, o estudante imitaria as pessoas, personalidades e identidades que os produzem. A imitação se traduz em modelagem na medida em que o estudante adapta a identidade do outro escritor de uma maneira particularmente sua. O ensino da escrita poderia, então, ser considerado bem-sucedido quando efetivamente modela uma identidade que os estudantes possam aceitar [...] quando parte de sua identidade se torna uma identidade de escritor, quando percebem que ser escritor de uma determinada maneira é um modo válido e interessante de agir no mundo (Brooke *apud* Ivanič, 1998, p. 85).

A construção discursiva da identidade do estudante via escrita acadêmica, portanto, implica não só aprender a usar a escrita criativamente, mas também utilizar os discursos de outros de maneira própria, além de criativa. Na ótica de Ivanič (1998), a noção de intertextualidade contribui para uma teoria da identidade do escritor por destacar que essa identidade, por um lado, não é nova nem individual, e sim constituída pelos discursos que adota; por outro lado, é parcialmente determinada pelo modo particular como o escritor combina ou lança mão dos discursos de outros. Nessa perspectiva, a fronteira entre intertextualidade e plágio se mostrará tênue, embora a academia não só admita, mas valorize e até exija a primeira e rejeite decididamente o segundo.

4. Letramentos, estudos de gêneros e o artigo científico

Diálogos entre os estudos de letramentos acadêmicos e as teorias de gêneros não apenas são possíveis como têm acontecido em alguma medida, como mostram, por exemplo, o uso que Ivanič (1998) faz do conceito de comunidade discursiva proposto por Swales (1990) e trabalhos conjuntos como Russell *et al.* (2009, p. 252), já citado em outros capítulos, e para quem "o conceito de gêneros está implícito em cada um dos modelos propostos para abordar a escrita dos estudantes no ensino superior". Particularmente, consideramos o conceito de gêneros mais produtivo para entender conceitos como práticas e eventos de letramento do que a noção geral e um tanto abstrata de "textos" comumente utilizada nos novos estudos de letramento[3].

[3] Acreditamos ser possível demonstrar que, em muitas ocasiões, nos trabalhos dos autores filiados a essa abordagem, o termo *texto* pode ser substituído por *gênero* com proveito e sem qualquer prejuízo para a teoria.

A concepção de gênero aqui adotada consiste em uma combinação de aportes da abordagem de língua/inglês para fins específicos, situada na linguística aplicada e também conhecida no Brasil como abordagem sociorretórica, com aportes da abordagem dos estudos retóricos de gêneros, mais conhecida como "nova retórica" ou "Escola Norte-Americana". Na primeira perspectiva, concordamos com Swales (1990) em conceber os gêneros como entidades que abrangem "classes de eventos comunicativos" e que se caracterizam por propósitos comunicativos em comum, entre outros aspectos. Segundo o autor, são esses propósitos comunicativos que efetivamente dão origem a textos concretos socialmente reconhecidos como ligados por traços prototípicos capazes de caracterizá-los como participantes do gênero em questão.

O conceito swalesiano aponta para um diálogo com os estudos retóricos de gêneros conforme representados por Bazerman (2005, p. 31), para quem o gênero se identifica, antes de tudo, como um "fenômeno de reconhecimento psicossocial", não como um conjunto de características estruturais ou traços formais. Embora admitamos a importância da forma, inclusive como a primeira e mais imediata pista para o reconhecimento do gênero, aqui o encaramos como forma de ação social tipificada e recorrente na linha de Miller (2012) e como "formas de vida" e "enquadres para a ação social" no sentido de Bazerman (1997).

Sob essa concepção, o artigo científico, tal como produzido pelos estudantes, de alguma forma se alinha com a categoria prototípica do gênero nos moldes como é concebido na academia, mais particularmente na área de Letras/linguística, no caso deste estudo. Além disso, os textos efetivamente produzidos como participantes do gênero resultam da ação social dos estudantes no processo da construção discursiva de sua identidade como escritores na comunidade discursiva acadêmica. A noção, ainda que precariamente adquirida[4], do que seja o gênero artigo científico o configura como um poderoso enquadre para a ação social dos estudantes em sua tentativa de construir uma identidade no ambiente acadêmico.

---

[4] De fato, para Bartholomae (1985), os estudantes terão de assumir a prática de letramento representada pelo artigo "mesmo antes de saberem o que estão fazendo".

5. A construção da identidade do aluno como escritor: o artigo científico

Neste tópico, inicialmente apresentamos de forma sumária os procedimentos metodológicos adotados, indicando sua origem e escopo, ao lado da definição do *corpus* a ser analisado. Em seguida, apresentamos a análise e a correspondente discussão dos resultados.

5.1 Procedimentos metodológicos

Utilizando contribuições de diferentes procedências teóricas, Castelló *et al.* (2011) propõem uma metodologia para analisar a "voz do autor" na escrita acadêmica que envolve três aspectos: o posicionamento, a intertextualidade e a organização da informação. A intenção das autoras é fazer os procedimentos metodológicos propostos funcionarem como um "sistema de análise de textos escritos que seja útil tanto para o estudo de textos em construção (sucessivos rascunhos) como para o estudo de textos finais" (p. 111).

Para os fins deste estudo, conquanto reconheçamos a relevância das três categorias propostas, aplicaremos, seguindo a definição dada pelos autores, apenas o critério da intertextualidade, considerando que se trata de um recurso não só inevitável, uma vez que todo texto se relaciona com outros textos, como requerido como condição *sine qua non* para a construção do artigo científico, visto que este encontra seu lugar na academia enquanto se constitui no diálogo com outros trabalhos científicos.

Na tentativa de tratar a intertextualidade de forma abrangente, a proposta de Castelló *et al.* (2011) abrange um contínuo que busca dar conta da referência a outros textos em dois polos que seguem da referência mais explícita à menos explícita, considerando que a intertextualidade não se limita a textos efetivamente lidos e citados. Assim, serão observados os seguintes aspectos como propostos pelos autores (p. 113):

- Citação direta.
- Citação indireta: implica parafrasear e comentar determinada citação.

- Menção a uma pessoa, documento ou enunciado: exige explicar com as próprias palavras o que determinada fonte expressa, sem emitir juízo de valor.
- Comentário avaliativo sobre um enunciado, texto ou outras vozes invocadas.
- Uso de frases ou termos associados a pessoas, grupos de pessoas ou documentos.
- Uso da linguagem característica de determinadas formas de comunicar, discutir com outros, ou de tipologias de documentos: gêneros, vocabulário, padrões de expressão.

Para a análise reportada neste capítulo, selecionamos 5 artigos científicos produzidos por alunos do 5º período de um curso de licenciatura em Letras, como trabalho final da disciplina Linguística II, na versão final apresentada após uma primeira correção pelo professor. Esses trabalhos foram resultado de um processo desenvolvido ao longo do semestre letivo em que o professor, com o apoio de uma aluna mais experiente que atuava como monitora, procurava desenvolver nos alunos a consciência da necessidade, dos desafios e das dificuldades dos letramentos acadêmicos como forma de construção da identidade no interior de uma comunidade acadêmica. As temáticas dos artigos foram determinadas pelos próprios alunos, mas em geral envolveram a discussão de dados textuais à luz das teorias de gêneros ou de perspectivas de análise do discurso.

Para este capítulo, concentramos a análise apenas na introdução e no primeiro tópico teórico de cada artigo, considerados como suficientes para se perceber as estratégias empregadas pelos estudantes no diálogo com os textos/discursos de outros. Os subsídios necessários para compreender o processo de construção da identidade do aluno através da escrita serão, pois, buscados na maneira como a intertextualidade se manifesta nas referidas partes do artigo.

Portanto, nossa opção foi investigar esse aspecto da construção discursiva da identidade com base numa análise textual, o que não significa ignorar que globalmente o processo é bem mais complexo e de forma alguma poderia ser inteiramente elucidado apenas com um foco na superfície textual. Consideramos, entretanto, que o texto, se não é condição suficiente, é condição necessária para a compreensão do nosso objeto de estudo.

5.2 Letramento acadêmico e identidade: o que revelam os dados

O exame atento dos trabalhos dos alunos mostra que eles adquiriram uma consciência[5] bastante explícita das peculiaridades textual-discursivas do gênero que se propõem a produzir, considerando-se o elevado índice de utilização de outros textos científicos em seus próprios textos. Os estudantes percebem que o artigo científico, na comunidade acadêmica, é um gênero que emerge do e para o diálogo entre pesquisadores. Assim, incorporam a intertextualidade como um traço constitutivo do artigo por meio de citações e alusões de diferentes tipos, inclusive aquelas que eventualmente não serão sancionadas pela comunidade por serem identificadas como plágio, por não explicitarem suas fontes.

Inicialmente, salta aos olhos a elevada incidência de citações diretas, presentes em todos os artigos tanto na introdução como no tópico inicial, em geral partes dedicadas a explicitar e a iniciar a discussão da base teórica do trabalho. Quantitativamente, as citações diretas representam 38% das ocorrências das categorias de intertextualidade analisadas, diferentemente das citações indiretas, por exemplo, que ocorrem em 6% das vezes em que detectamos a intertextualidade no *corpus* (cf. gráfico 1). Embora não seja usada de uma forma única em todos os trabalhos, a citação direta aparece sempre associada a outra forma de intertextualidade, particularmente a comentários avaliativos com indicação da fonte, a qual é inferida da própria citação direta, ou a trechos que o/a leitor/a experiente reconhece como de terceiros, mas que não trazem essa indicação. O primeiro caso é representado pelo exemplo 1.

---

[5] Sobre a consciência crítica dos gêneros (bem como o seu ensino), ver Devitt (2004, 2025).

Exemplo 1: Citação direta seguida de comentário avaliativo

[AC2][6] Conforme Aquino e Souza (2008, p. 33) "os gêneros textuais são tidos como ações sócio-históricas e culturais, uma vez que são práticas sociais [...]" Percebe-se que os gêneros contribuem para o desenvolvimento de diversas ações na sociedade, por meio deles as comunidades comunicativas interagem e realizam seus objetivos.

Com essa estratégia, o estudante utiliza as palavras textualmente citadas de terceiros como apoio para o seu próprio comentário, que, por outro lado, não é independente, visto que continua seguindo muito de perto o conteúdo do texto consultado. A despeito disso, nos parece que aqui o estudante-escritor investe mais claramente na construção do seu próprio discurso, uma vez que se sente respaldado pela autoridade citada. Essa relação entre o discurso do outro, citado diretamente, e o comentário do aluno, se faz de uma forma diferente no exemplo 2, em que um longo trecho introdutório, não identificado como citação, precede a citação direta que acontece apenas dois parágrafos abaixo.

Exemplo 2: Citação direta precedida de trecho sem indicação da fonte

[AC3] A linguagem é uma forma de comunicação organizada pelos gêneros textuais, que orienta a conduta das pessoas na maneira como elas vão se relacionar com as outras. Gênero é mais do que uma maneira como as pessoas se comunicam, é também um jeito de olhar e compreender a realidade. Eles existem em grande quantidade. Como práticas sociocomunicativas, são dinâmicos e sofrem variação na sua construção. Alguns deles são: cartas, piadas jornal, entre outros.

[6] Referiremos os cinco artigos científicos que compõem o *corpus* como AC1, AC2, AC3, AC4 e AC5.

> [*Parágrafo omitido*]
> Todo gênero tem seu suporte, eles variam, pode ser um livro, um jornal, um *outdoor* que é o que especificaremos, mas adiante. Ele é de grande importância para que o gênero circule na sociedade. Conforme Marcuschi, "pode-se dizer que o suporte de um gênero é uma superfície física em formato específico que suporta, fixa e mostra um texto" (2003, p. 23).

Portanto, embora se possa reconhecer nos trechos anteriores o discurso do autor que finalmente vem a ser citado, esse conteúdo não é associado a ele pelo aluno-escritor. A recuperação dessa pertença e, consequentemente, da forma inadequada como o estudante se apropria do texto do autor, fica a cargo do leitor e do seu conhecimento de textos anteriores ao do aluno. O *corpus* apresenta diversas ocorrências dessas combinações, em que o trecho não citado ou o comentário avaliativo tanto podem preceder como suceder a citação direta.

De particular relevância para esta análise, rivalizando em ocorrências com a citação direta, destaquem-se os numerosos recortes de textos ilustrados pelo exemplo 2, que evocam e até reproduzem o discurso alheio sem citá-lo conforme as normas estabelecidas pela academia. Esses recortes, identificados no gráfico 1 adiante como "trechos sem indicação da fonte", totalizam 32% das ocorrências no *corpus*. Essa categoria ilustra vividamente a dificuldade que o aluno ainda enfrenta no processo de constituição de sua identidade como escritor no ambiente acadêmico.

Casos de citação indireta foram identificados em apenas dois dos cinco artigos analisados. Nesses casos, o estudante apenas se refere ao nome do autor e à data da publicação e em seguida parafraseia a parte do conteúdo que lhe interessa, como se pode verificar a seguir.

> **Exemplo 3: Citação indireta**
> [AC4] A partir de um breve estudo sobre análise do discurso, através do estudo desenvolvido por Brandão (2002), aonde vimos que o processo de interação verbal passa a construir uma realidade

> fundamental da língua, conseguimos perceber elementos usados na construção de textos publicitários para envolver e persuadir o consumidor, seja de uma forma original ou repetindo esquemas estereotipados com menos grau de originalidade Citelli (1998).

Um problema na construção do texto é que, apesar de evocar dois autores no curto espaço de cinco linhas, o aluno não deixa claro quais partes da citação se referem a cada um deles. Mais uma vez, a recuperação dessa informação fica por conta dos conhecimentos anteriores do leitor acerca do tema e dos próprios autores. Falta ao aluno a habilidade para marcar com clareza o pensamento de cada autor e discuti-lo de forma pertinente para seu trabalho. Em outras ocorrências, no entanto, a paráfrase resumidora do pensamento do autor é bem caracterizada pelo aluno, como se vê no exemplo 4. Nesse exemplo, o aluno expõe consistentemente o pensamento do autor, assumindo como sua a tarefa de descrever com as próprias palavras o conteúdo evocado.

> **Exemplo 4: Citação indireta**
> [AC1] No discurso político segue sempre um padrão estratégico que segundo Citelli (2004) são três pontos de fundamental importância: divulgação, adesão e justificativas/explicação. Na divulgação o candidato irá fazer uma breve apresentação [...] A adesão se encarrega em garantir que o que foi anunciado tenha uma repercussão positiva [...] A justificativa/explicação será o que irá garantir a adesão no discurso [...]

Um dos aspectos da intertextualidade apontados por Castelló *et al.* (2011) cuja existência nos pareceu mais difícil de identificar foi a "menção a uma pessoa, documento ou enunciado" com a exigência de "explicar com as próprias palavras o que uma determinada fonte expressa, sem emitir juízo de valor". Admitindo-se a coerência dessa proposta, teríamos algo como uma paráfrase "neutra", o que dificilmente se pode verificar na linguagem em uso. O gráfico 1 registra 5% dessas ocorrências, o que foi possível apenas incluindo na categoria listas enumerativas de autores evocados pelo estudante como base teórica, como no exemplo 5, mas, nesses casos, falta "explicar com as próprias palavras". Uma ocorrência mais próxima do que propõem as autoras nos pareceu ser representada pelo exemplo 6, mas ainda assim não é possível afirmar que o comentário do aluno não emita "juízo de valor". O próprio ato de citar, a escolha de quem, de qual trabalho e de que parte citar já indica um posicionamento, logo, um juízo de valor.

Exemplo 5: Menção "neutra" como lista enumerativa da base teórica
[AC4] Para produzir o presente artigo, foram utilizados como referencial teórico Citelli (1998), Chalhub (1987), Brandão (2002), Ilari; Geraldi (2004) e Martelotta (2011).

Exemplo 6: Menção "neutra" usando "as próprias palavras"
[AC5] Uma das características dos gêneros digitais é a de integrar imagem ao texto, ou seja, a imagem complementa o sentido do texto, de modo que ambos mantêm relações muito próximas (Dionisio, 2005).

Finalmente, vejamos o caso da última categoria proposta por Castelló *et al.* (2011), que se refere ao uso pelo aluno-escritor de "linguagem característica de determinadas formas de comunicar, discutir com outros, ou de tipologias de documentos: gêneros, vocabulário, padrões de expressão". As ocorrências foram praticamente nulas no *corpus* e a identificação da estratégia, um tanto precária e sujeita a revisão. Apenas um exemplo nos pareceu inequívoco.

Exemplo 7: Uso de linguagem característica/padrão típico do gênero artigo científico
[AC5] Apesar de existir muitas pesquisas sobre gêneros ainda são poucas as análises que contemplam os propósitos comunicativos presentes neles, especialmente quando se refere a gêneros compartilhados em *sites* que promovem a interação entre as pessoas, como é o caso do Facebook.

Nesse trecho, o aluno-escritor executa um movimento retórico típico para a introdução do gênero artigo científico, conforme o modelo CARS proposto por Swales (1990)[7]. O estudante cria um espaço retórico para sua pesquisa, pela estratégia de indicar uma lacuna no conhecimento construído na área disciplinar. Trata-se de um movimento bastante sofisticado e que não teve similares no restante do *corpus*. Nesse caso, talvez seja significativo ressaltar que o aluno em questão, no momento da produção desse artigo para uma disciplina, também realizava pesquisa como bolsista de iniciação científica, o que lhe conferia maior intimidade com o gênero artigo científico em relação aos seus colegas.

Gráfico 1: Intertextualidade como marca de construção da identidade

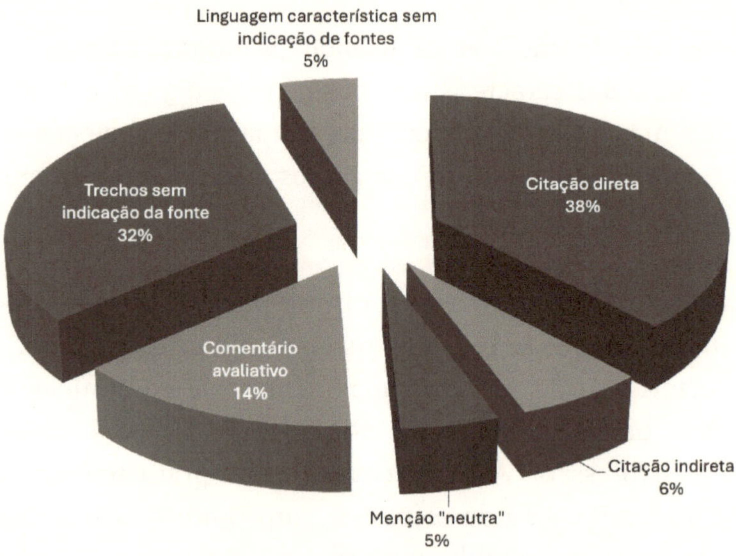

Fonte: Elaboração dos autores

Considerando o *corpus* no todo, observamos ainda que a intertextualidade é um fenômeno menos complexo na introdução do artigo do que no seu tópico inicial, provavelmente porque a introdução se

[7] O modelo CARS, composto por três movimentos retóricos (*moves*) foi utilizado por Swales (1990) para analisar introduções de artigos de pesquisa do ponto de vista da organização das informações. Segundo o teórico, no segundo movimento, uma estratégia comumente empregada pelos autores do artigo é indicar uma lacuna na área disciplinar.

dedica a apresentar o trabalho ao leitor, enquanto o primeiro tópico já se concentra especificamente na fundamentação teórica e, assim, mostra um esforço maior para travar um diálogo com os respectivos autores e trazê-los para dentro do texto que se está produzindo. Por isso, a ocorrência de intertextualidade, na forma da citação direta e indireta ou de alusões diversas a obras e a autores, é bem mais intensa nesse tópico teórico.

Nos exemplos discutidos, a intertextualidade aparece como uma das evidências de como o estudante, ao lidar com a produção do artigo científico, se situa no processo de letramento acadêmico e, dessa forma, procura negociar a construção de sua identidade no ambiente da universidade.

Palavras finais

Ao longo deste capítulo, procuramos refletir sobre a maneira como a identidade, vista como fenômeno plural e dinâmico, numa perspectiva não essencialista, encontra no discurso um dos aspectos determinantes de sua constituição. A vinculação entre identidade e discurso, por sua vez, faz com que aquela se configure como uma questão pertinente também ao campo dos letramentos. Considerando que a constituição dos letramentos no ambiente acadêmico requer o trato com uma modalidade específica de escrita, esta acaba assumindo uma posição de evidente centralidade na construção discursiva da identidade. A construção discursiva da identidade no ambiente acadêmico se dá fundamentalmente pela escrita, e esta se constitui ainda no diálogo de um escritor com outros escritores. Daí a relevância da categoria de intertextualidade para o exame das estratégias de que os escritores se utilizam para firmar suas posições em meio à comunidade acadêmica.

Para o estudante, o processo de construção da identidade acadêmica se apresenta como algo mais complexo, pois se trata de adquirir familiaridade com discursos próprios do ambiente ou, nas palavras de Bartholomae (1985), de "inventar a universidade" para cada ocasão de letramento. Uma das maneiras socialmente mais valorizadas de construir a identidade no meio acadêmico, ou de inventar a universidade, é a produção do artigo científico, provavelmente o gênero de maior prestígio na maioria das áreas disciplinares.

Assim, numa confluência de noções teóricas como identidade, linguagem, discurso, letramentos, escrita acadêmica e gêneros, procuramos, pelo uso da categoria de intertextualidade, examinar como os estudantes constroem sua identidade como escritores em uma comunidade acadêmica. Os resultados mostram que os estudantes valorizam significativamente o diálogo com autores reconhecidos na área disciplinar, de cujos discursos se apropriam ou com os quais procuram se identificar principalmente por meio de estratégias como a citação direta e o uso referenciado ou não de extratos dos textos desses autores.

A forte dependência dos estudantes em relação ao discurso dos autores, que acaba ocupando a maior parte do espaço textual na produção do artigo, ao que tudo indica, sinaliza a fase inicial da constituição de uma identidade ou de uma "voz" propriamente sua no campo acadêmico, que deverá se afirmar gradualmente à medida que forem cada vez mais expostos à leitura e à produção do gênero. Nesse estágio inicial, a dependência, inclusive manifesta como plágio, algumas vezes parece quase inevitável.

Finalmente, deve-se ressaltar que, a despeito da produtividade e da relevância da categoria de intertextualidade adotada para este estudo, outros aspectos podem e devem ser observados no estudo da identidade do aluno-escritor na relação com os letramentos acadêmicos, inclusive aqueles sugeridos no modelo proposto por Castelló *et al.* (2011): o posicionamento e a organização das informações. O emprego dessas e de outras categorias de análise certamente contribuirão, em pesquisas futuras, para uma compreensão mais profunda do fenômeno aqui enfocado.

Capítulo 6

Leitura e escrita de gêneros acadêmicos no primeiro ano do curso de Letras

Palavras iniciais

O processo de transição de alunos do ensino médio (EM) para a graduação não é uma coisa simples. Trata-se de dois ambientes de ensino-aprendizagem, porém com práticas de letramento diversificadas e diferentes perspectivas em relação à linguagem. É comum ouvir falar de crises dos alunos em relação principalmente aos novos gêneros textuais/discursivos exigidos no novo ambiente discursivo. O assunto torna-se ainda mais complexo por se tratar de novas formas de pensar, interagir, produzir, com novas estratégias para a construção de conhecimentos, ou seja, é um processo multifacetado de aculturação dos estudantes que exigirá um constante trabalho de interação entre os professores e eles. Esse processo requererá dos alunos novas posturas, novos modos de adquirir e expressar conhecimentos, novas atitudes, novas formas de se expressar enquadradas nos gêneros discursivos próprios desse ambiente, como temos enfatizado em capítulos anteriores.

Ao relevar essas questões envolvidas na transição dos alunos do EM para o ensino superior e também a importância do ensino dos gêneros acadêmicos como veículos fundamentais à participação competente dos estudantes na academia, busca-se neste capítulo investigar as práticas de leitura e produção de gêneros acadêmicos dos alunos do primeiro ano do curso de Letras de uma universidade pública localizada no Estado de Pernambuco. O intuito da pesquisa foi analisar a percepção dos alunos em relação à preparação que tiveram durante o EM para uma boa interação com os gêneros acadêmicos, o modo como os professores contribuem para o processo de letramento acadêmico deles, as dificuldades que os estudantes recém-chegados à universidade têm em produzir gêneros acadêmicos, bem como identificar que mudanças há na configuração desses gêneros quando eles são exigidos por professores diferentes e em disciplinas diferentes.

Para alcançar os objetivos propostos, o capítulo está organizado da seguinte forma: primeiramente, retomamos brevemente a discussão sobre a relação entre escrita, gênero e letramento. Em seguida, explicamos por que é necessário falar de letramentos, no plural, e não de letramento apenas, uma vez que os letramentos são sempre múltiplos. Em um terceiro momento, tratamos da origem do termo letramento e, mais importante, lembramos os modelos básicos de letramento conforme propostos nos novos estudos de letramento. Em seguida, enfocamos as abordagens propostas por Lea e Street (1998) para os letramentos no ensino superior. No tópico seguinte, abordamos a relação necessária entre gêneros e letramentos acadêmicos, uma vez que eles são sempre mediados por textos. Segue-se uma discussão sobre o desafio que encontram os estudantes quando na universidade se deparam com a necessidade de ler e escrever em gêneros acadêmicos. O capítulo se completa com a indicação dos procedimentos metodológicos e com a análise da percepção dos alunos sobre suas práticas de leitura e escrita na universidade, via questionários, além da análise dos textos produzidos pelos estudantes ao longo do primeiro ano da graduação.

1. Escrita, gênero e letramentos

O termo letramento está relacionado basicamente à forma como qualquer indivíduo se conduz dentro de uma sociedade através da escrita, ou seja, refere-se aos "usos estratégicos da língua escrita" (Bazerman, 2007, p. 46). O autor afirma que a sociedade "se mantém e evolui através de práticas de letramento" (2007, p. 14), o que aponta para o fato de que a escrita está presente na quase totalidade das relações humanas existentes. Entende-se, dessa forma, que todo indivíduo que participa de qualquer comunidade letrada detém algum tipo de conhecimento sobre a escrita que possibilita sua vivência nesse espaço em que atua.

O termo letramento é complexo e infinito "por indicar a orientação e a constituição de pessoas marcadas pela história, por aspectos sociais, políticos, econômicos e culturais" (Fischer, 2008, p. 178), abrangendo, por um lado, "analfabetos que conseguem viver num mundo letrado e tecer todas as relações que esse exige, e por outro, aqueles que sabem escrever e ler, porém não conseguem interpretar um texto ou compreender o lido" (Alvernaz, 2007, p. 4). Nesse sentido, a aquisição de habilidades de uso da escrita irá depender das necessidades e exigências próprias de cada comunidade discursiva. Isso resulta de uma relação contínua dos participantes com os gêneros textuais, pois são eles que veiculam toda comunicação verbal, mesmo que haja um desconhecimento do que vem a ser gênero por parte dos interlocutores.

Segundo Marcuschi (2010, p. 19), "os gêneros textuais são fenômenos históricos, profundamente vinculados à vida cultural e social" e "contribuem para ordenar e estabilizar as atividades comunicativas do dia a dia". Reitera-se aqui o pressuposto básico de que "é impossível se comunicar a não ser por algum gênero, assim como é impossível se comunicar verbalmente a não ser por algum texto" (Marcuschi, 2010, p. 22). Sendo assim, pode-se afirmar uma relação mútua entre gêneros e letramento nas diversas situações de comunicação, pois os gêneros são as ferramentas que os indivíduos utilizam em sua circulação em dado espaço de interação e o letramento envolve o conhecimento de como usá-los de maneira eficiente em tal espaço.

De fato, como sugere o enunciado que compõe o título desta seção, escrita, gêneros e letramento(s) não se excluem, pois as relações humanas estabelecidas na escrita dão-se através de textos que, por sua vez, sempre estão enquadrados em gêneros, gêneros tais que transitam em dada comunidade linguística como subsídios para a participação dos indivíduos nessa comunidade, o que exige a aquisição de habilidades de escrita por partes desses indivíduos, isto é, letramento(s), ou a condição letrada para determinados fins. Em suma, a exclusão da escrita, gênero ou letramento(s) das práticas sociais de uma comunidade letrada acabaria por inviabilizar qualquer situação de comunicação entre os indivíduos e, por consequência, impossibilitaria a circulação ou manifestação desses indivíduos no meio em que vivem.

2. Letramento ou letramentos?

De acordo com Lea e Street (1998), percebe-se a necessidade de pluralizar o termo letramento, adotando-se uma noção mais complexa e admitindo-se "múltiplos letramentos, e não um letramento único e universal" (Bezerra, 2010, p. 4). Isso se explica simplesmente por existirem múltiplas situações (umas até consideravelmente mais complexas do que outras) que envolvem a escrita, situações que exigem diferentes habilidades, logo, diferentes tipos de letramento.

Na perspectiva dos novos estudos de letramento, definir e explicar o termo letramento não constitui uma tarefa simples, pois lhe é atribuído um alto grau de complexidade por envolver todo o contexto histórico de um indivíduo, o que inclui aspectos sociais, políticos, econômicos e culturais (Fischer, 2008, p. 178). Sendo assim, é seguro afirmar que é absolutamente impossível existir apenas um conceito de letramento "adequado a todas as pessoas, em todos os lugares, em qualquer tempo, em qualquer contexto cultural ou político" (Soares, 2004 *apud* Ribeiro, 2009, p. 24). Nesses estudos, o letramento é tido prioritariamente como a representação de um conjunto de práticas sociais pelas quais um indivíduo é capaz de absorver e adquirir conhecimentos e habilidades e manifestar suas ações sobre o contexto em que está inserido. Considerando-se as tantas implicações contextuais (sociais, políticas, econômicas, culturais) atreladas à tentativa de definição do termo letramento, é inevitável concordar em que "não há limite para o letramento, ele é infinito" (Ribeiro, 2009, p. 19).

Levando em consideração essa infinitude do letramento e consequentemente a infinitude das situações que exigem letramentos, fica claro que cada situação é única e cada uma delas exige diversas formas de habilidades com a escrita, habilidades que podem variar em complexidade. Como afirma Ribeiro (2009, p. 19), "pessoas que leem Camões e escrevem teses têm um grau de letramento diferente das pessoas que escrevem um bilhete por ano e leem apenas os rótulos das latas no supermercado". Ainda segundo a autora, "todos esses graus são importantes, a diferença é que graus mais elevados podem ampliar as possibilidades de atuação das pessoas". Falar de graus ou níveis de letramento é polêmico nessa área de estudos, uma vez que esses termos podem sugerir alguma forma de mensuração do letramento. Diríamos que diferentes necessidades podem levar as pessoas a buscarem diferentes práticas de letramento, não necessariamente configurando graus ou níveis.

3. Letramento: origem do termo e modelos básicos

O termo letramento surgiu do vocábulo inglês *literacy,* que indica a capacidade de saber ler e escrever, de se apropriar de um sistema de escrita. No Brasil, saber ler e escrever significa ser alfabetizado, conceito que se distancia consideravelmente da perspectiva atual de letramento. A redução da noção de letramento ao conceito de alfabetização nos aproximaria do *modelo autônomo,* conforme definido por Street (1984; 2003), em que ler tem o mesmo significado de decodificação das palavras e escrever significa a capacidade de codificá-las dentro de uma forma visual: o texto. Esse modelo deve ser considerado inadequado, pois se compreende que apenas conhecimentos técnicos sobre a escrita são insuficientes para que um indivíduo esteja apto a transitar nas mais variadas situações comunicativas. Como temos enfatizado, o modelo autônomo concebe o letramento como uma habilidade descontextualizada e única, passível de ser transferida de um contexto para outro sem grandes dificuldades.

O outro modelo definido por Street (1984) é o *modelo ideológico* de letramento. O letramento, na perspectiva ideológica, cumpre seu papel nas práticas sociais (Fischer, 2008) e é "influenciado pelas condições locais no que diz respeito aos aspectos socioeconômicos, históricos, culturais, políticos e educacionais, de modo que cada comunidade apresenta diferentes padrões de letramento, bem como seus membros", como afirma Oliveira (2010, p. 2). Na perspectiva ideológica, portanto, o letramento é tido como prática social, não se limitando à aquisição da tecnologia da escrita, mas direcionando o indivíduo para o uso da escrita em situações do cotidiano como cidadão crítico.

Diante dessas diretrizes, é seguro afirmar que adquirir a habilidade de ler e escrever não é suficiente para uma atuação efetiva em práticas sociais, como também não é essencial em algumas situações. Como explicar que alguém que não sabe ler nem escrever consiga se utilizar do ônibus correto para chegar ao destino desejado? Como explicar que uma pessoa nessa mesma situação consiga distinguir entre as funções de um jornal e as de uma revista, ou as de uma bula de remédio e as de uma receita de bolo? Tal pessoa tem conhecimentos suficientes para fazer essas distinções que não precisam ser necessariamente atreladas à leitura e escrita como decodificação e codificação. Logo, em situações como essas, a leitura e a escrita não são essenciais.

Por outro lado, como explicar que uma pessoa dotada da habilidade de ler e escrever não consiga produzir um artigo científico, ou ainda, produzir textos usando o computador (uma vez que, para tal tarefa, é preciso que essa pessoa conheça as formas de usar o equipamento)? Como dito acima, diferentes situações comunicativas exigem diferentes práticas de letramento. Em se tratando do contexto acadêmico, foco deste volume, a leitura e a escrita, mas não somente elas, são essenciais para o domínio das práticas desse meio.

4. Três abordagens sobre a escrita no ensino superior

Conforme Fischer (2008, p. 180), "o letramento característico do meio acadêmico refere-se à fluência em formas particulares de pensar, ser, fazer, ler e escrever, muitas das quais são peculiares a esse contexto social". Essa concepção de Fischer sobre letramento acadêmico envolve as três abordagens referentes à escrita do estudante universitário identificadas por Lea e Street (1998): o modelo das habilidades de estudo, da socialização acadêmica e dos letramentos acadêmicos.

Como afirmamos anteriormente neste livro, a primeira abordagem, o modelo das habilidades de estudo, tem sua atenção voltada para os aspectos técnicos da produção de textos, contando com a ideia de que o conhecimento de estruturas formais e gramaticais garantirá uma produção satisfatória dos diferentes gêneros acadêmicos. Nessa abordagem, o histórico anterior de letramento dos estudantes é desprezado, sendo atribuída a ele a obrigação de desenvolver tarefas que exigirão novas competências cognitivas de leitura e escrita, sem contar que o estudante será o total responsável em caso de insucesso no uso da escrita.

A preocupação com a formalidade na produção dos textos ocupa todo o espaço, não dando "nenhum destaque para os aspectos sociais envolvidos no processo de escrita ou mesmo para as peculiaridades da escrita em cada campo disciplinar" (Bezerra, 2010, p. 6). Segundo Ramires (2008, p. 59), comentando Kern (2000), "é preciso ter cuidado para que a análise de gêneros não se reduza a receitas formais estáticas, ensinadas à maneira prescritiva, remanescentes do ensino baseado na abordagem tradicional com ênfase no produto", ou seja, é preciso não pressupor que "o mero ensino da organização global comum a um conjunto de textos pertencentes a um gênero seja suficiente para que o aluno chegue a um bom texto" (Fischer, 2007, p. 445). O foco no modelo autônomo resulta no apagamento do uso dos gêneros como formas de ação social.

O segundo modelo, o da socialização acadêmica, pressupõe que o professor é responsável por inserir os alunos nas práticas (modos de falar, de desenvolver o raciocínio, de interpretar e fazer uso das práticas de escrita) acadêmicas. Um olhar focalizado somente neste modelo não é recomendável, pois ele parte da ideia de que "os gêneros discursivos acadêmicos são homogêneos e, sendo assim, uma vez que o aluno aprende as convenções que regulam esses gêneros, estará habilitado a se engajar nas práticas letradas que permeiam essa instância" (Oliveira, 2010, p. 6). Esse modelo limita os estudantes à reprodução de discursos próprios da universidade, podendo limitar o letramento a uma condição assimilacionista. Oliveira ainda considera que

> no tocante à avaliação da leitura e da escrita dos alunos, o modelo das habilidades e o modelo da socialização não privilegiam o desenvolvimento de estratégias de leitura e de escrita, mas apenas testam o nível de compreensão atingido por eles em situações e contextos isolados (provas, trabalhos...) perpetuando as lacunas e dificuldades nos níveis cognitivo e metacognitivo (2010, p. 6).

Por último, o modelo dos letramentos acadêmicos. Esse modelo não se limita a meras questões técnicas de leitura e produção textual, ou à produção de gêneros discursivos acadêmicos com fins avaliativos, mas concebe o letramento como prática social numa relação intrínseca entre indivíduos, habilidades e realidade (contexto, situações de comunicação, comunidade discursiva). No modelo dos letramentos acadêmicos, exclui-se a possibilidade de um aluno recém-chegado à universidade ser iletrado, pois se compreende que o meio acadêmico é mais um ambiente proporcionador de novos letramentos. Na verdade, o aluno que acabou de entrar na universidade ainda não está familiarizado com as práticas do novo ambiente, o que não quer dizer de maneira alguma que ele possua "grau zero" (Ribeiro, 2009, p. 18) de letramento.

No ambiente acadêmico, todo o currículo de letramento dos estudantes deve ser levado em consideração. Há a necessidade de "concentrar-se nos significados que os alunos, professores e instituição atribuem à escrita, partindo de questões epistemológicas que envolvem as relações de poder estabelecidas entre esses sujeitos, no que diz respeito ao uso dessa modalidade da língua" (Oliveira, 2010, p. 6).

Como enfatizamos em capítulo anterior, as três abordagens mencionadas não devem ser vistas como autoexcludentes. Na realidade, as habilidades de estudo e a socialização acadêmica são pressupostas no modelo dos letramentos acadêmicos. O diferencial está na atenção que o último modelo presta à questão da "noção de escrita como prática social complexa" (Bezerra, 2010, p. 7).

5. Gêneros e letramentos acadêmicos

Os gêneros, na ótica de pesquisadores como Carolyn Miller, são formas de ação social e, como tais, "adquirem significado da situação e do contexto social em que essa situação se originou" (Miller, 2009, p. 41). Os gêneros ocorrem em todas as situações sociais comunicativas e não podem ser excluídos delas. Logo, onde houver comunicação verbal, haverá gêneros. Conforme Bazerman, os "gêneros dão forma às nossas ações e intenções [...] são formas de vida, modos de ser [...] são os lugares onde o sentido é construído [...] moldam os pensamentos que formamos e as comunicações através das quais interagimos" (2011, p. 10, 23). Dessa forma, fica claro que os gêneros são intrínsecos às relações de comunicação humana e é absolutamente impossível excluí-los delas.

Entre os lugares onde ocorrem essas relações de comunicação humana, o meio acadêmico é um espaço em que muitas dessas relações são estabelecidas dentro de padrões específicos, ou seja, os gêneros da universidade são construtos mais ou menos padronizados (com aspectos estruturais e conteúdos específicos) disponíveis ao estudante para uma participação competente nessa esfera de atuação.

Toda comunidade discursiva utiliza gêneros específicos que possibilitam a circulação das informações e a interação entre as pessoas pertencentes a tal comunidade. Por exemplo, no setor administrativo de uma empresa, requerimentos e ofícios são exemplos de gêneros característicos do meio. No ambiente acadêmico, *locus* de extração de materiais e dados para esta pesquisa, exemplos de gêneros utilizados são resumos, resenhas, fichamentos, projetos de pesquisa e artigos científicos. Essas "modelagens de gêneros-alvo, ou centrais" (Figueiredo; Bonini, 2006, p. 427) são os enquadres em que os estudantes irão expor criticamente seus conhecimentos de modo a participarem do desenvolvimento das atividades no sistema em que atuam.

Os gêneros possibilitam a organização das atividades e a interação entre professor e aluno (Hoffnagel, 2010, p. 275), são caminhos para a familiarização dos alunos com os novos conhecimentos a serem adquiridos, bem como facilitam uma postura coerente diante das situações emergentes no meio acadêmico. Desse modo, o domínio dos gêneros acadêmicos – não só em suas propriedades formais e prescritivas, mas no conhecimento das funções, das relações de poder que envolvem a produção e publicação, do significado, do contexto que os envolve – é fundamental para a inserção do estudante nas práticas típicas do espaço acadêmico, bem como nos modos de pensar e de agir característicos do ambiente. Nessa perspectiva, espera-se que a leitura e produção dos gêneros acadêmicos sejam uma forma de "realizar linguisticamente objetivos específicos em uma situação sócio-histórico-cultural que transcenda exigências avaliativo-acadêmicas" (Fischer, 2007, p. 443).

6. Os alunos recém-chegados à universidade frente aos gêneros acadêmicos

Embora a leitura e a produção de gêneros acadêmicos sejam de grande importância para o progresso do estudante na universidade, mais importante do que produzir textos é entender como eles funcionam na língua em uso (Fischer, 2010). Os gêneros são objetos indispensáveis na formação da identidade dos alunos, porém o que acontece é que, na maioria das vezes, eles não estão muito bem-informados sobre a questão. O problema do desconhecimento do funcionamento dos gêneros textuais/discursivos (veículos de toda comunicação verbal), de aspectos da forma e função dos gêneros acadêmicos e do conceito de língua como atividade social por parte dos alunos está presente, de algum modo, nas fontes consultadas e citadas ao longo do desenvolvimento deste capítulo. Ressalte-se que essas fontes também resultam de pesquisas destinadas a analisar o processo de letramento dos alunos da universidade.

Ao chegar à universidade, o aluno se depara com um novo ambiente de conhecimento, que é parte da nova comunidade discursiva em que procura se inserir, onde trilhará um novo caminho através da interação (o que pode ocorrer rapidamente ou não) com as práticas discursivas acadêmicas. No entanto, a pouca (ou nenhuma) familiaridade com os gêneros acadêmicos – o que é bastante previsível – gera dificuldades no processo de adaptação do estudante às práticas discursivas da universidade. Isso acontece porque os objetivos do uso da linguagem na esfera escolar são diferentes dos objetivos da esfera acadêmica. Na primeira, o uso da linguagem está voltado principalmente para situações internas de sala de aula, isto é, a leitura de textos é direcionada para conhecimentos estruturais da língua e para fins avaliativos. Na segunda, a proposta é que a leitura e a produção de gêneros devem se situar na perspectiva da língua como ação social, pela qual é através do uso real dos gêneros que se dá a produção de sentidos, conhecimentos e também a participação competente dentro da comunidade discursiva por parte do aluno.

7. Procedimentos metodológicos

Conforme indicado anteriormente, este capítulo teve como foco o curso de licenciatura em Letras de uma universidade pública do Estado de Pernambuco, em que foram selecionadas as turmas do 1º e 2º períodos como universo para a coleta de dados. Foram selecionadas 4 disciplinas (Leitura e Produção de Textos, Filosofia da Educação, Teoria da Literatura I e Metodologia Científica), dispostas nos dois períodos mencionados, para, dentro dessas disciplinas, serem recolhidos os textos que seriam analisados.

Para a geração dos dados complementares necessários à pesquisa, foi aplicado um questionário composto por 15 perguntas, o qual, para os fins deste capítulo, foi respondido por 5 alunos do 1º e 6 do 2º período, a fim de compreender como eles percebem os dois ambientes (ensino médio e academia), como enxergavam o curso de Letras antes de entrar na universidade, como percebem, hoje, a didática utilizada durante a vivência deles no EM e como se relacionam com as práticas acadêmicas que envolvem os gêneros científicos, novidades do contexto em que agora se encontram. Também foram feitas duas breves entrevistas, uma com os alunos do primeiro e outra com os alunos do segundo período, também com o intuito de colher informações úteis ao estudo.

Além das informações obtidas por meio das respostas dos alunos ao questionário e à entrevista, dentro da disciplina de Metodologia Científica, foram recolhidos e analisados seis projetos de pesquisa, seis atividades pedagógicas e duas provas. Em Teoria da Literatura I, foram recolhidas e analisadas cinco provas.

Como já exposto, além de tomar como base as concepções de gênero de Miller (2009) e Bazerman (2007; 2011), este capítulo também se fundamenta nos postulados dos novos estudos de letramento, especificamente nas concepções de Mary Lea e Brian Street sobre o ensino superior e os letramentos acadêmicos. Segundo esses autores, "a aprendizagem no ensino superior implica a adaptação a novas formas de saber: novas maneiras de compreender, interpretar e organizar o conhecimento" (1998, p. 157), o que não acontece instantaneamente. Esse processo vai além do simples contato dos alunos com o universo acadêmico, pois, como afirma Bezerra (2010, p. 1), "essas novas maneiras não estão dadas no aparato cognitivo do aluno".

8. O letramento acadêmico dos alunos: análise e discussão

8.1. A perspectiva dos alunos

Como acontece com muitos que optam pelo curso de Letras, o gosto pela literatura foi o que motivou o ingresso da maioria dos alunos que responderam ao questionário. Pôde-se constatar isso pela resposta exata à pergunta "por que você optou pelo curso de Letras?", em que a maioria optou pela alternativa "porque gosto muito de literatura". Isso provavelmente acontece devido à ênfase nos gêneros literários durante o ensino médio.

Em relação aos gêneros que os alunos produziram no ensino médio, o gênero unânime, nas respostas de todos os alunos, recaiu sobre o termo "redação", mas alguns também mencionaram cartas pessoais, cartas de leitor, contos e resumos, além de contatos com notícias de jornal e receitas. Segundo as respostas dos alunos, esses gêneros eram solicitados para fins avaliativos ou para notas adicionais. A avaliação principal era mesmo a prova. Houve também alguns alunos que entenderam que o EM tinha como maior objetivo a preparação para o vestibular. Com relação às leituras propostas, também no EM, para a maioria dos alunos, sua finalidade era essencialmente avaliativa (em geral, pediu-se a leitura de paradidáticos como base para responder a provas). Apenas uma aluna diz terem sido oferecidos a ela capítulos de livros de autores diferentes para formar uma boa base teórica em determinado assunto. Nenhum dos alunos respondeu que essas práticas tiveram o propósito de prepará-los para as diversas situações de uso da língua.

A análise das respostas relacionadas ao EM não foi feita separadamente entre os dois períodos contemplados na pesquisa. Todavia, com relação ao meio acadêmico, haverá separação na análise das respostas, pois se considera que entre o primeiro e o segundo período deve haver uma mudança na forma de perceber o que acontece no contexto acadêmico.

Os alunos do 1º período que responderam ao questionário afirmaram que as leituras propostas na universidade são "leituras muito difíceis, pois são textos mais complexos" que, segundo eles, ainda não estão preparados para compreender. Uma aluna respondeu que essas leituras "são em geral, boas, mas encontramos dificuldades, já que não fomos (a turma) preparados no EM". No que diz respeito à produção escrita, eles dizem ter bastante dificuldade devido à complexidade das atividades, por se tratar de atividades próprias da academia, com as quais eles ainda não tinham tido contato. Apenas um aluno afirma que eles são "devidamente preparados e orientados ao produzir os textos", resposta que contradiz a de todos os outros, que dizem que nem sempre são bem orientados para essa atividade. A fala de uma aluna relata fatos pertinentes sobre as atividades propostas:

> Oferecem um grau médio (de dificuldade), mas não somos bem orientados a fazê-lo. O professor diz apenas como gostaria de receber o trabalho. O conhecimento adquirido (provavelmente sobre a estrutura dos trabalhos) geralmente vem de fontes como: internet, ou colegas que já o fizeram.

Quanto à percepção dos alunos sobre as suas próprias práticas de leitura e escrita na universidade, eles avaliam que há dificuldades quando solicitados a ler ou escrever em alguns gêneros, por isso dizem não serem boas essas práticas. Somente uma aluna diz que suas práticas de leitura e escrita são "regulares, pois embora tenha dificuldades em compreender ou produzir certos textos, a tarefa é facilitada pelas explicações do professor". Outra aluna relata que "o professor diz somente como gostaria de receber o trabalho, mas não diz a função do gênero". Nenhum aluno disse não haver problemas quanto a essas práticas. No que diz respeito à solicitação de gêneros formais (resenha, resumo, fichamento, seminário etc.), as respostas dos alunos variam entre "insuficiente" e "inadequada" a orientação dos professores em relação à produção desses gêneros. Somente uma aluna diz ser "adequada" essa orientação.

Segundo a análise das respostas dos alunos ao questionário, não há uma boa familiarização entre eles e os gêneros acadêmicos. Uma aluna diz que, "por estar no início, ainda temos muito para aperfeiçoar". Em relação ao ensino dos gêneros, esses alunos dizem, em unanimidade, que "a orientação de cada gênero varia de professor para professor". Um deles, ao marcar mais de uma opção na pergunta sobre a familiarização com os gêneros científicos, diz que "mesmo com o passar do tempo, ainda não fica claro como produzir alguns gêneros".

Nas respostas dos alunos à pergunta "na sua opinião, qual a importância de compreender bem os gêneros que circulam na academia?", pôde-se perceber um desconhecimento do papel dos gêneros acadêmicos. Eis algumas respostas:

> Para se dar bem não só durante o curso, mas também passar de forma clara e objetiva para aqueles que iremos ensinar.
>
> É importante tanto para o desempenho acadêmico, quanto para o diálogo e desenvolvimento dentro da academia.
>
> Para obter uma melhor compreensão e saber diferenciar o gênero do texto que está sendo lido.

Em uma breve entrevista coletiva, espécie de roda de conversa, com esses alunos do 1º período, foi possível colher algumas informações importantes. Segundo um deles, "foram dadas poucas noções dos tipos de gêneros" na disciplina de Leitura e Produção de Textos. Essa resposta indica a superficialidade do conhecimento que os alunos obtiveram sobre gênero e a pouca ênfase dada aos gêneros nessa disciplina.

No entanto, os estudantes disseram ter-lhes sido solicitados, no período, entre todas as disciplinas, um conto, um seminário de produção de textos, uma resenha e um seminário sobre alguns filósofos com resumo impresso do conteúdo para cada aluno da turma. Portanto, há certa diversidade de gêneros, mas sem a correspondente orientação quanto a suas peculiaridades.

Quanto às atividades propostas, as de leitura tiveram predominância em relação às de escrita. Para cobrar essas atividades de leitura, foram feitas (a pedido dos professores) rodas de discussão com leituras corridas dos textos e pausas para serem tiradas as dúvidas. Algumas atividades escritas foram pedidas para comprovar o conhecimento do que foi lido, como por exemplo, "exercícios relacionados aos textos".

Entre a didática do EM e a universidade, eles percebem que "a universidade exige mais raciocínio" (fala individual de um dos alunos com que os outros todos concordaram), o que os força a "interpretar mais sistematicamente". Também, disse um deles, "a universidade desperta mais o senso crítico, outros caminhos de pesquisa".

Muitas respostas dos alunos do 2º período foram similares às dos alunos do 1º, principalmente no que diz respeito às dificuldades em relação à estrutura dos gêneros (produção). Os alunos, em sua maioria, optaram pelas alternativas que sugerem dificuldades tanto na leitura dos textos, quanto em sua produção, bem como pelas que sugerem a ausência dos professores no ensino e orientação para uma boa produção e leitura dos gêneros. Uma aluna comentou que "alguns (textos) são complexos, outros não porque os professores, ou seja, alguns não orientam a leitura" e, quanto à escrita/produção, a mesma aluna diz que "elas (atividades de produção textual) oferecem dificuldade, mas depende do professor que muitas vezes não deixa claro o que e como devemos fazer".

Em relação à avaliação que fizeram de suas práticas de leitura e escrita na universidade, houve respostas variadas, apresentando algumas contradições nas opiniões de alguns alunos. Por exemplo, dois alunos que optaram pela alternativa "as leituras são muito difíceis, pois são textos mais complexos *e nem sempre somos bem preparados para fazê-las*", optaram também, na questão seguinte, pela alternativa segundo a qual as atividades "oferecem um grau médio de dificuldade, *uma vez que somos devidamente preparados e orientados ao produzir os textos*". Isso demonstra certa confusão por parte dos alunos, o que pode se dever ao fato de que, na visão deles, uns professores orientam bem e outros, não.

Em se tratando do ensino dos gêneros acadêmicos no curso de Letras, a maioria dos alunos optou pelas alternativas que dizem que "a orientação para cada gênero varia de professor para professor" e que "mesmo com o passar do tempo ainda não fica claro como produzir alguns gêneros". Uma das alunas afirmou que foram solicitados fichamentos nas disciplinas de Metodologia Científica e Teoria da Literatura I. Segundo ela, cada um desses dois professores apresentou peculiaridades em relação à estrutura desse gênero, especificamente em relação às normas da ABNT, em que o professor de Metodologia Científica exigia essas normas ao pé da letra e a professora de Teoria I, apesar de ser rigorosa em questões técnicas, não exigia a observação estrita das normas da ABNT em suas solicitações.

Quanto à importância de compreender bem os gêneros científicos, três desses alunos argumentaram que uma boa compreensão desses gêneros "facilita para uma boa formação". Outras respostas foram: "expressar melhor as ideias", "aperfeiçoar melhor as ideias", "facilitar a seleção de um assunto", "obtenção de notas", "trazer mais formalidade", "conhecimento mais vasto" e "utilizá-los dentro dos contextos sociais que estamos inseridos".

Nota-se também nas respostas dos alunos do 2º período a falta de uma compreensão adequada do papel dos gêneros acadêmicos. Uma notável diferença entre os alunos dos dois períodos é que os alunos do segundo produziram alguns dos gêneros formais da academia, tais como "resumo", "resenha", "fichamento" e "projeto de pesquisa". Os alunos do primeiro produziram, como já foi dito, apenas uma "resenha" na disciplina de Prática I, em uma única solicitação.

8.2. Aspectos da análise dos trabalhos dos alunos

Um dos objetivos deste capítulo foi analisar como os alunos lidam com os gêneros acadêmicos que lhes são solicitados no âmbito da graduação. Isso não foi possível com a turma do 1° período, pois não foi solicitada a produção de gêneros científicos, com exceção da "resenha" solicitada na disciplina de Prática I. Quanto à atividade que eles produziram na disciplina de Leitura e Produção de Textos, que consistiu na distribuição de um parágrafo de uma narração para que dessem continuidade ao conto, não se trata de um gênero científico, mas de uma atividade pedagógica ou "ferramenta pedagógica" (Dionísio; Fischer, 2011), que eles entendem como gênero acadêmico.

Na disciplina de Metodologia Científica, no 2° período, foi pedida uma atividade que consistia na escolha de um texto (qualquer) para formatá-lo de diversas maneiras e na construção de gráficos fictícios para que os alunos pudessem aprender a usar as ferramentas computacionais utilizadas para essa tarefa. Essa atividade foi proposta pelo professor a partir da NBR 14724 da ABNT. As figuras a seguir foram retiradas da atividade de uma das alunas que forneceu o material para análise.

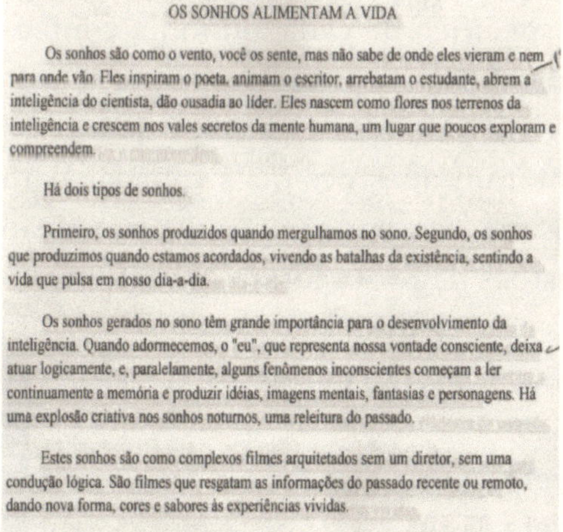
OS SONHOS ALIMENTAM A VIDA

Os sonhos são como o vento, você os sente, mas não sabe de onde eles vieram e nem para onde vão. Eles inspiram o poeta, animam o escritor, arrebatam o estudante, abrem a inteligência do cientista, dão ousadia ao líder. Eles nascem como flores nos terrenos da inteligência e crescem nos vales secretos da mente humana, um lugar que poucos exploram e compreendem.

Há dois tipos de sonhos.

Primeiro, os sonhos produzidos quando mergulhamos no sono. Segundo, os sonhos que produzimos quando estamos acordados, vivendo as batalhas da existência, sentindo a vida que pulsa em nosso dia-a-dia.

Os sonhos gerados no sono têm grande importância para o desenvolvimento da inteligência. Quando adormecemos, o "eu", que representa nossa vontade consciente, deixa atuar logicamente, e, paralelamente, alguns fenômenos inconscientes começam a ler continuamente a memória e produzir idéias, imagens mentais, fantasias e personagens. Há uma explosão criativa nos sonhos noturnos, uma releitura do passado.

Estes sonhos são como complexos filmes arquitetados sem um diretor, sem uma condução lógica. São filmes que resgatam as informações do passado recente ou remoto, dando nova forma, cores e sabores às experiências vividas.

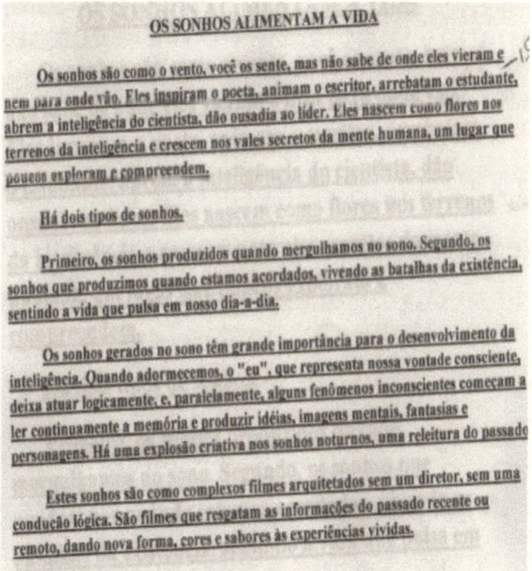
OS SONHOS ALIMENTAM A VIDA

Os sonhos são como o vento, você os sente, mas não sabe de onde eles vieram e nem para onde vão. Eles inspiram o poeta, animam o escritor, arrebatam o estudante, abrem a inteligência do cientista, dão ousadia ao líder. Eles nascem como flores nos terrenos da inteligência e crescem nos vales secretos da mente humana, um lugar que poucos exploram e compreendem.

Há dois tipos de sonhos.

Primeiro, os sonhos produzidos quando mergulhamos no sono. Segundo, os sonhos que produzimos quando estamos acordados, vivendo as batalhas da existência, sentindo a vida que pulsa em nosso dia-a-dia.

Os sonhos gerados no sono têm grande importância para o desenvolvimento da inteligência. Quando adormecemos, o "eu", que representa nossa vontade consciente, deixa atuar logicamente, e, paralelamente, alguns fenômenos inconscientes começam a ler continuamente a memória e produzir idéias, imagens mentais, fantasias e personagens. Há uma explosão criativa nos sonhos noturnos, uma releitura do passado.

Estes sonhos são como complexos filmes arquitetados sem um diretor, sem uma condução lógica. São filmes que resgatam as informações do passado recente ou remoto, dando nova forma, cores e sabores às experiências vividas.

Essa atividade valeu três pontos para somar com a nota da avaliação final do bimestre. Com base na ideia de que os gêneros acadêmicos, bem como as "ferramentas pedagógicas", devem contribuir para o processo de letramento dos alunos da graduação, o que inclui aquisição de conhecimentos fundamentais para o âmbito acadêmico e produção de gêneros. É questionável o fato de essa atividade ter contribuído significativamente para a formação de sujeitos em processo de letramento acadêmico, uma vez que se concentrou apenas em regras de formatação.

Em análise de quatro projetos de pesquisa, trabalho solicitado pelo professor dessa mesma disciplina, pôde-se perceber alguns aspectos relevantes. Nas correções, havia ênfase nas questões técnicas, como colocar a bibliografia em ordem alfabética, acertar os espaçamentos de acordo com a ABNT, usar a fonte Times New Roman, o que não é suficiente para um bom relacionamento com os gêneros. Em relação aos alunos, pôde-se notar certo desconhecimento do que vem a ser pesquisa científica. Isso ficou claro na escolha de alguns temas para os projetos: "A importância do lúdico no processo de ensino/aprendizagem", "A leitura possibilita a transformação social", temas largos, onde não houve um foco delimitado, pouco possibilitando uma devida contribuição para possíveis leitores. Segundo a fala de algumas alunas, não houve indicação de leitura para o desenvolvimento da disciplina Metodologia Científica, apenas indicações para o tema específico de cada aluno na confecção do projeto de pesquisa solicitado pelo professor.

Quanto às provas, tanto as de Metodologia Científica quanto as de Teoria da Literatura I, apresentaram questões mais voltadas para testar o conhecimento dos alunos, não havendo ênfase na produção de textos. Os enunciados das questões da prova foram os seguintes:

> 1. Classifique as rimas do poema transcrito quanto a extensão, acentuação e vocabulário. (2,0)
> 2. Assinale a alternativa **incorreta.** (1,0)
> 3. Assinale a alternativa **incorreta.** (1,0)

4. Defina: (1,0) a) onomatopeia; b) aliteração; c) logopeia; d) assonância.
5. Qual a diferença estabelecida por Aristóteles, em seu texto "Poética", entre o poeta e o historiador? (1,0)
6. Faça a escansão (contagem de sílabas poéticas) do seguinte trecho do poema "A tempestade" de Gonçalves Dias: (1,0).

A prova de Metodologia Científica continha questões parecidas quanto à exigência:

Relacione a 2ª coluna de acordo com a 1ª coluna.
Preencha as lacunas do texto e marque a alternativa correta.

Palavras finais

Considerando que os gêneros acadêmicos são de fundamental importância para a construção da identidade dos alunos, para a aquisição e expressão de conhecimentos e ideias e para uma participação competente dentro e fora dos limites da esfera acadêmica, era de se esperar que os professores universitários, sem exceção, contribuíssem para o bom êxito dos estudantes na relação ensino-aprendizagem.

Entretanto, com base nas análises feitas ao longo deste capítulo, e especialmente com base na percepção dos estudantes, pode-se conjecturar que por vezes professores envolvidos nas disciplinas selecionadas para a realização desta pesquisa não tiveram o entendimento correto do valor dos gêneros científicos nem do que eles poderiam proporcionar aos alunos. Os poucos textos solicitados aos alunos por esses professores tiveram fins meramente avaliativos, postura característica da educação básica.

Percebe-se também certa falta de entendimento do propósito e função dos gêneros por parte dos professores, uma vez que parecem não estimular os alunos a participar, com suas produções, de eventos de letramento em que os gêneros têm um papel ou uma função dentro da universidade. Em consequência dessa visão dos professores, os alunos recém-chegados à universidade não travam contato significativo com esses gêneros, o que pode acarretar a pouca participação dos alunos no ambiente em que estão inseridos.

A análise dos questionários mostra que, segundo os alunos, os professores exigem atividades acadêmicas, mas não dão a orientação adequada para eles produzirem satisfatoriamente essas atividades, o que faz com que se apoiem em outras fontes via internet e em outros alunos de períodos mais avançados que já tenham produzido aquelas atividades.

Sempre a julgar pelos dados, também parece haver certa omissão dos professores em informar os alunos sobre a devida importância da compreensão dos gêneros acadêmicos, uma vez que um dos alunos disse ser importante essa compreensão para haver "mais formalidade", ou para "facilitar a seleção de um assunto". Está bem claro o equívoco sobre essa questão na mente dos alunos. Uma vez que eles ainda se iniciam nas práticas acadêmicas, é de grande importância a orientação do professor quanto a elas.

Por outro lado, o estudo não permite inferir até que ponto os próprios alunos se empenham para que essas práticas sejam adquiridas. Entre o 1º e o 2º períodos, pôde-se constatar que as dificuldades de produção dos textos continuam em sua vida acadêmica. Esperávamos, no entanto, que no 2º período os alunos já estivessem mais aptos à produção de seus textos, entretanto eles permaneceram com as queixas e com a recorrente pergunta: "Como é que o senhor (professor) quer que a gente faça (os trabalhos)?"

Com relação às práticas de leitura e escrita na universidade, existe ainda a "necessidade de um novo olhar, por parte dos professores da graduação [...] sobre o processo de letramentos acadêmicos dos estudantes" (Bezerra, 2010, p. 17). Como se vê, muitos são os desafios. Esperamos que este capítulo tenha lançado luzes sobre alguns deles.

Capítulo 7
Gêneros acadêmicos em EAD
Dificuldades dos estudantes com o fórum de discussão

Palavras iniciais

Como temos discutido, é notório que os alunos, ao ingressarem em um curso superior, precisam adquirir habilidades relativas à leitura e produção de gêneros próprios do ambiente acadêmico, e mais, no caso específico da EaD, necessitam aprender a lidar com os recursos tecnológicos que medeiam suas atividades. Os alunos precisam se apropriar de diferentes práticas de letramentos para poderem participar eficazmente dos exercícios propostos, bem como compreender os conteúdos trabalhados, a fim de experimentar um processo de ensino/aprendizagem produtivo.

No entanto, muitas vezes, nesse processo, os alunos estão tendo seu primeiro contato com diversos gêneros. A compreensão dos gêneros textuais/discursivos que circulam no ambiente acadêmico é necessária para o aluno poder participar efetivamente da comunidade acadêmica. Aspectos relativos a essa problemática dos gêneros e dos letramentos acadêmicos têm sido estudados por diversos autores, entre os quais gostaríamos de destacar Figueiredo e Bonini (2006) e Smaniotto (2010). Além disso, para os propósitos deste capítulo, lembramos os estudos sobre fóruns de EaD realizados por Campos (2008) e Bezerra (2011).

Neste capítulo, vamos refletir sobre algumas questões relativas aos gêneros que circulam na esfera acadêmica, especificamente na EaD, considerando a perspectiva dos novos estudos de letramento, tomando como ponto de partida as dificuldades apontadas pelos próprios estudantes. É válido salientar que este capítulo se baseia no recorte de uma pesquisa em nível de mestrado, cujo objeto de estudo se voltou para as práticas de leitura e escrita de estudantes cursando o 4º período da licenciatura em Letras oferecida por uma instituição de ensino superior do Estado de Pernambuco. Além de discutirmos as percepções desses alunos sobre os gêneros acadêmicos, recolhidas por meio de um questionário com perguntas a respeito de suas práticas de leitura e escrita no ambiente virtual de aprendizagem (AVA), realizamos uma breve análise dos fóruns educacionais dos quais esses alunos participaram.

Para a concretização de nosso objetivo, o presente capítulo se organiza da seguinte forma: inicialmente, serão retomados alguns aspectos teóricos relativos aos letramentos, enfatizando-se os letramentos acadêmicos. A seguir, serão apresentados alguns comentários sobre o ensino a distância. Depois, discutiremos os resultados dos questionários respondidos pelos estudantes e, finalmente, teceremos algumas considerações sobre aspectos do fórum de discussão.

1. O letramento e os letramentos acadêmicos

Atualmente, muitos estudos sobre letramento vêm sendo produzidos no contexto acadêmico brasileiro. De maneira geral, tal conceito se refere a práticas complexas que as pessoas mantêm com a escrita nos variados contextos sociais. Na continuação dos estudos, assinalou-se que o tratamento adequado a esse conceito deveria levar em conta que não há apenas um letramento, como forma única, mas *letramentos*, enfatizando as múltiplas formas em que ele pode ocorrer (Street, 2007).

Nesse sentido, destacamos a perspectiva dos novos estudos de letramento, que aponta para uma abordagem social desse fenômeno. Essa abordagem considera o letramento como plural, local e situado, de forma que diferentes comunidades apresentam letramentos diferentes e *status* diferentes para essas formas de letramento (Lea;

Street, 1998; Barton; Hamilton, 2005; Street, 2007). Diversos trabalhos sobre letramento têm levado em conta essa perspectiva, inclusive no cenário brasileiro (Machado, 2009; Bezerra, 2010, entre outros).

Como vimos, é corrente nos novos estudos de letramento a proposição da existência de dois modelos em que se concebem o letramento: o modelo autônomo e o ideológico. Conforme o modelo autônomo, o letramento é um conjunto de habilidades ou competências que devem ser adquiridas pelos indivíduos e que podem ser transferidas através dos diferentes contextos, ou seja, não são levadas em consideração as variações culturais. Já o modelo ideológico considera que as práticas de letramento envolvem relações de poder e questões ideológicas, e que são tipicamente contextuais. Consequentemente, aponta para a heterogeneidade das comunidades, de forma que aspectos locais influenciam o fenômeno do letramento. O modelo autônomo de letramento é frequentemente representado pela "apropriação da técnica", enquanto no modelo ideológico consideram-se as práticas de letramento como "social e culturalmente determinadas, e a escrita assume significados segundo o contexto dos grupos e instituições em que foi adquirida" (Machado, 2009, p. 24). Entendemos, é claro, que a apropriação da escrita é relevante, no entanto faz-se necessário considerar os aspectos ideológicos de sua utilização.

Como também temos reiterado, a partir dos pressupostos dos novos estudos de letramento, Lea e Street (1998) propuseram a existência de três modelos de aprendizagem para compreender a escrita em nível superior: o modelo de habilidades de estudo, o modelo da socialização acadêmica e o modelo dos letramentos acadêmicos. Essas três abordagens permitiriam uma compreensão mais adequada das práticas de escrita acadêmica, visto que os autores sugerem que os modelos geralmente usados para compreender a escrita dos estudantes "não levam adequadamente em conta a importância das questões de identidade e as relações institucionais de poder e autoridade que o cercam, nas quais estão inseridas diversificadas práticas de escrita dos estudantes em toda a universidade" (Lea; Street, 1998, p. 157).

O modelo de habilidades de estudos prevê que o letramento constitui um conjunto de habilidades ou competências transferíveis de um contexto para o outro sem grandes dificuldades. Tal modelo enfatiza questões formais da escrita, como gramática e ortografia. Já o modelo de socialização acadêmica atribui ao professor, como membro mais experiente da comunidade acadêmica, a responsabilidade de inserir os alunos nas práticas da academia. Finalmente, o modelo de letramentos acadêmicos implica levar em consideração o componente cultural e contextual da leitura e da escrita em ambiente acadêmico. Além disso, faz-se imprescindível atentar para as relações sociais e de poder subjacentes às práticas de letramento no contexto acadêmico. Para Lea e Street (1998), o último modelo seria o mais adequado por levar em conta a complexidade das práticas de letramento dos estudantes. No entanto, é importante salientar que tais perspectivas não se excluem mutuamente, mas são complementares.

Está claro, portanto, que ao ingressar em um curso superior, o aluno necessita desenvolver variadas habilidades, tanto no que diz respeito à compreensão e produção de gêneros textuais/discursivos próprios do ambiente acadêmico, quanto em lidar com as diversas ferramentas tecnológicas e os recursos que elas disponibilizam. A respeito dos letramentos em um curso superior à distância, Machado comenta:

> [Os] alunos de um curso de graduação, especialmente na modalidade a distância, estão expostos a uma série de demandas que envolvem vários letramentos [...]. Essas práticas letradas envolvem a apropriação de vários gêneros textuais, muitos dos quais estão associados ao uso do computador e da internet como mediadores da comunicação. Além disso, diante da grande quantidade de informação circulante na rede, precisam desenvolver a capacidade de selecionar informações (2009, p. 33).

Aqui destacamos não apenas a necessidade de selecionar as informações, mas, sobretudo, de saber o que fazer com elas e de que maneira fazer, como lidar eficazmente com a vasta quantidade de dados disponíveis *online* e a partir de reflexões (individuais e conjuntas) transformá-los propriamente em conhecimento válido para sua formação intelectual, profissional e pessoal, dando os créditos adequadamente aos autores dos textos utilizados. Assim, diferentes tipos de letramento são importantes: o letramento digital, o letramento informacional e outros que, em seu conjunto, oferecem um sentido amplo para o letramento acadêmico, não apenas relacionado a textos.

Intrinsecamente relacionada ao conceito de letramento(s) está a noção de gênero textual/discursivo. Ela se apresenta como bastante relevante para a compreensão do processo de letramento. Neste capítulo, retomamos e reafirmamos a conceituação de gênero apresentada por Swales, que o considera, em sua famosa definição, como

> uma classe de eventos comunicativos, cujos membros compartilham um conjunto de propósitos comunicativos. Esses propósitos são reconhecidos pelos membros experientes da comunidade discursiva e dessa forma constituem o fundamento lógico do gênero. Esse fundamento modela a estrutura esquemática do discurso e influencia e restringe as escolhas de conteúdo e estilo. O propósito comunicativo é um critério privilegiado e que opera para manter o escopo de um gênero, [...] estritamente enfocado numa ação retórica comparável (Swales, 1990, p. 58).

Nessa perspectiva, os gêneros desempenham um importante papel dentro da comunidade em que circulam, pois possibilitam a comunicação entre os seus membros, que são capazes de reconhecer tais artefatos. As pessoas utilizam os diversos gêneros para realizar suas ações, de acordo com os propósitos comunicativos socialmente reconhecidos que os gêneros realizam. Swales considera também que, para ser aceito em determinada comunidade acadêmico-profissional, é imprescindível o domínio das convenções adotadas e utilizadas por seus membros, especialmente no que se refere aos gêneros que ali circulam. No entanto, é preciso salientar que o aluno recém-chegado ao curso superior ainda não dispõe desses conhecimentos e, na maioria das vezes, apresenta grande dificuldade na aquisição dos letramentos, visto que eles englobam “a produção e recepção de gêneros textuais bastante complexos e específicos do contexto acadêmico” (Bezerra, 2010, p. 138). Além disso, Bezerra complementa: “Nem sempre se reserva espaço e tempo específicos para o seu ensino no currículo dos diversos cursos”.

Diante do exposto, é possível afirmar que os gêneros não são neutros, mas refletem a configuração da sociedade de que fazem parte. No caso dos gêneros acadêmicos, eles certamente são permeados pelas relações de poder e *status* próprios da comunidade a que se vinculam. Para os "novatos" (recém-chegados em um curso superior, por exemplo), desponta a necessidade de compreender a importância de se apropriarem dos diversos gêneros para serem reconhecidos pelos membros mais experientes, e não só isso, é necessário compreenderem principalmente que o conhecimento de gêneros possibilita sua inserção em contextos diversos de comunicação e aprendizagem, a fim de participarem eficazmente de eventos comunicativos necessários a seu crescimento acadêmico e profissional. A questão do(s) letramento(s) e dos gêneros textuais/discursivos é, consequentemente, bastante relevante, pois é mediante esse conhecimento que os alunos podem efetivamente tomar parte nas complexas relações da comunidade acadêmica.

2. A questão dos fóruns de discussão de EaD[1]

O fórum educacional se apresenta como gênero central utilizado no AVA para dar conta da interação entre os professores/tutores e alunos em um curso de EaD, como confirma Bezerra (2011, p. 12): "Entre os recursos interacionais citados, o fórum claramente se destaca como a ferramenta mais utilizada como componente do processo de ensino a distância mediado pela Internet", e por isso tem suscitado vários olhares enquanto objeto de pesquisa.

O propósito ou objetivo principal do fórum é promover a discussão de tópicos pertinentes à disciplina. O tópico é proposto pelo professor e espera-se que tanto alunos quanto professores interajam de forma significativa a respeito do tema, a fim de que essa troca possibilite o bom entendimento de determinados conceitos e, consequentemente,

[1] Conforme aponta a literatura da área, o fórum de discussão pode ser estudado sob diferentes pontos de vista. No presente capítulo, estamos considerando o fórum na perspectiva de gênero, enquanto gênero acadêmico, visto que ele circula no ambiente acadêmico mediando as atividades pedagógicas típicas do curso.

contribua para a construção do conhecimento. Machado (2009, p. 67) considera que "o fórum é umas das ferramentas de interação coletiva de maior utilidade dentro de uma plataforma de ensino mediado por computador e pode ser caracterizado segundo o tema (livre ou dirigido) e/ou a duração (permanente ou por tempo determinado)". As trocas são realizadas em turnos, e normalmente ficam registrados a data e o horário das contribuições. A interação ocorre de forma assíncrona, ou seja, não se dá em tempo real. Em geral, a mensagem é dirigida a todos os participantes do fórum, mas também pode ser dirigida a uma pessoa em particular.

Bezerra (2011, p. 18) diferencia o fórum educacional do fórum eletrônico sem fins educativos, afirmando que este é mais flexível, tanto em termos de usos da linguagem como em discussão de temas, enquanto "o fórum educacional normalmente será mais monitorado quanto aos temas admitidos [...]. Para isso contará com a mediação do professor ou tutor, a quem cabe intervir nos momentos adequados para manter o foco no tema proposto". O autor aponta também alguns estudos que relacionam os fóruns da EaD com uma sala de aula convencional. Ele conclui que o fórum educacional "propicia relações menos assimétricas e mais colaborativas" (p. 8), no entanto apresenta um uso diferenciado da linguagem, que tende a ser mais formal do que em aulas presenciais.

Barros e Crescitelli (2008) apresentam uma descrição interessante do que se configura como um fórum na EaD:

> Os fóruns educacionais digitais são gêneros em que se discutem temas específicos, segundo as necessidades da turma, os objetivos do curso e a atividade para a qual foi aberto. Possibilitam a interação assíncrona e são organizados em turnos ou intervenções comunicativas, que podem ser agrupados em tópicos/ temas. Apresentam, de forma geral, uma linguagem mais cuidada do que os fóruns abertos (p. 82).

Já Moore (1989 *apud* Campos, 2008, p. 96-97) afirma que a configuração básica de um fórum de discussão educacional deve ser:

1. Uma mensagem inicial. O docente prepara uma pergunta que exige uma resposta. Ele "dá uma explicação ou reflete sobre algum item do conteúdo".

2. Resposta à mensagem. O professor ou os alunos devem responder a questões propostas "por meio de uma elaboração — ou ideia alternativa — ou uma pergunta".
3. Mensagem de acompanhamento. O docente ou o aprendiz "respondem às colocações anteriores com uma explicação de como a segunda mensagem foi útil para aumentar a compreensão do tópico e, se possível, acrescentam um comentário independente adicional".
4. Resumo da mensagem. O professor "resume as mensagens dos membros do grupo para incluir aspectos importantes, similaridades e diferenças na compreensão do grupo".

No entanto, tal configuração apresenta nuances específicas ao se concretizar em fóruns de EaD. Observando as interações de alunos do 4º período do curso de Letras a distância em um fórum da disciplina de Linguística, foi possível perceber que alguns itens se realizam com frequência e mais claramente, como (1) "Mensagem inicial" e (2) "Resposta à mensagem". Com relação ao item (3) apresentado por Moore, "Mensagem de acompanhamento", observamos que esse movimento se dá mais na direção professor-aluno: é o professor que explica e comenta a postagem anterior do aluno. Apenas quando o professor, ao retomar a postagem do aluno, pede algum esclarecimento de forma explícita, é que o aluno retoma o que foi dito pelo professor.

Normalmente, nos fóruns observados, percebemos que as postagens dos alunos não retomam as anteriores. Sobre esse aspecto, é preciso refletir se os alunos realmente leem o que foi postado anteriormente para poderem se situar na discussão em andamento no fórum. Essa ferramenta possibilita ao aluno se inteirar a respeito do que foi dito (devido às postagens ficarem registradas e poderem ser acessadas posteriormente), refletir sobre o conteúdo e formular sua contribuição, explicitando sua opinião a respeito do tópico ou expressando uma dúvida.

Machado (2009) constata que "o uso de recursos interativos não garante a interação, nem todo fórum se constitui numa prática social, pois se não leio o que os outros escrevem e se eles não leem o que escrevi, não há troca ou interação" (p. 105). Assim, é necessário destacar o papel importante das trocas interacionais em um curso de EaD, para que a partir delas seja possível a construção do conhecimento.

Notou-se também que a maior parte das postagens não eram dirigidas às pessoas participantes do fórum, como professor ou aluno. Essa "impessoalidade" não deveria caracterizar o gênero, pois considerando que sua principal função seria possibilitar a interação entre professores/tutores e alunos de EaD e não apenas a apresentação dos conteúdos, as postagens de maneira geral deveriam se reportar a algum participante ou a todos. Sobre esse aspecto, os apontamentos de Bezerra (2011) são esclarecedores na medida em que refletem sobre tal situação:

> Em um fórum com tão baixo nível de interação pessoal, a linguagem se mantém convencional e formal, até por não refletir os usos próprios dos alunos, que claramente reproduzem o material proposto para leitura, mas não o reelaboram de modo a expressar sua compreensão nem formulam eventuais questões para discussão. Os alunos não se comunicam com o professor, apesar de este se dirigir pelo nome a cada um comentando suas postagens. Se não se comunicam com o professor, os alunos também não se comunicam entre si. O fórum é mais monológico do que dialógico. Os alunos reagem à questão proposta pelo professor com postagens de conteúdos que não foram elaborados por eles, mas simplesmente colhidos em sites sugeridos para leitura (p. 27).

Dessa forma, questiona-se se os alunos de fato estariam reconhecendo o fórum como ferramenta de comunicação entre os participantes. Nesse contexto, no fórum analisado, algumas postagens dos alunos consistiam apenas em "copiar e colar" os conteúdos e apresentá-los sem reflexão. Por isso, eram comuns as intervenções do professor da disciplina voltadas a orientar os alunos a como proceder, conforme exemplificado abaixo:

Exemplo 1: professor comenta a postagem dos alunos, orientando-os sobre o objetivo do fórum

Continuo sentindo falta de um olhar mais pessoal, menos ligado a conteúdos, sobre a questão. (...) o <u>fórum</u> é um espaço para discussão de nossos próprios pontos de vista sobre a questão posta. Os conteúdos servem apenas para nos dar subsídios, certo? (...) Lembro que todos podem opinar sobre isso (vcs também podem aproveitar o fórum para discutir o assunto entre si). Vamos lá, gente. Vamos esquentar este debate!

Oi, Y
Parece que vc não entendeu o propósito do fórum. Além de não citar a autora das ideias que vc postou (artigo disponível em http://www.fflch.usp.br/dlcv/lport/pdf/slp19/03.pdf), vc simplesmente não discute o assunto, não emite a sua própria opinião. Espero sua próxima contribuição. Um abraço. prof.

Considerando que o fórum analisado era um dos primeiros da disciplina, foi possível perceber que os alunos ainda não estavam familiarizados com esse gênero, e o professor, como membro experiente da comunidade discursiva, foi explicando como deveriam proceder. Tal intervenção, na qual o professor assume uma postura de colaborador, é bastante positiva. Assim, nota-se que o conhecimento de gênero com o qual se lida é um fator importante para uma interação bem-sucedida.

De modo geral, as comunicações entre as pessoas estão sujeitas a mal-entendidos das mais diversas ordens. Tal possibilidade pode se acentuar devido a diversos fatores, como por exemplo o não compartilhamento de informações, a distância física e temporal entre os sujeitos, entre outros aspectos. No caso da EaD, assim como em processos educacionais de qualquer modalidade, presencial ou a distância, durante o processo podem surgir dúvidas e mal-entendidos. Ao explicitar sua dúvida, o aluno espera esclarecimento do professor. As postagens abaixo exemplificam essa relação:

Exemplo 2: dúvida e mal-entendido
[Aluno] Bem professor, me explique mais objetivamente o que quer dizer generalizantes. Gostaria também que refletisse sobre estas duas citações numa enfase comparativa ao Formalismo e o Funcionalismo. Diz Fernando Pessoa...
Assim como diz Jean Piaget...

> [Professor] Bem, R. acho que vc está levando o debate para outro rumo, inclusive incompatível com os objetivos da disciplina. Pessoa e Piaget estão falando de coisas bastante diferentes e, além do mais, são eles, e não você, quem está falando.
> Sim, infelizmente, continuamos no terreno das generalizações, o que dificulta uma maior produtividade no debate.

Finalmente, retomamos o item 4 apresentado por Moore como constituinte do gênero fórum, o resumo da mensagem realizada pelo professor ao retomar e esclarecer o que os alunos disseram, sintetizando muitas vezes postagens bastante longas, conforme se apresenta nos seguintes exemplos:

> **Exemplo 3: resumo da mensagem realizada pelo professor**
> [...] De acordo com sua opinião, percebemos que há fatores políticos envolvidos no modelo de ensino, e não apenas fatores teóricos...
> [...] Então, de acordo com sua visão, temos uma boa teoria, boas diretrizes oficiais para o ensino, mas falta muito para o ensino de língua ser feito de forma "produtiva".

Com essas observações, não se pretende, neste capítulo, esgotar as possibilidades de questões sobre os fóruns educativos de EaD, mesmo porque trata-se de uma ferramenta de interação muito rica. As percepções apresentadas constituem aspectos de um estudo de caso, mas que podem nortear e levantar mais questões.

3. Percepções dos alunos de EaD sobre suas práticas de letramento

Ao realizar esta pesquisa, explicitamos o desejo de observar a experiência dos alunos de EaD com os gêneros acadêmicos. Para os fins desse capítulo, são apresentadas e comentadas a seguir algumas questões, considerando um universo composto por 20 alunos do curso já explicitado. O questionário continha questões abertas e fechadas, de múltipla escolha, a respeito das práticas de leitura e escrita que esses estudantes realizavam no AVA e das suas percepções sobre os gêneros. A seguir, discutimos algumas respostas dadas pelos estudantes.

Perguntou-se aos alunos como eles avaliavam as leituras propostas ou exigidas pelos diferentes professores nas diversas disciplinas do curso, com relação a sua complexidade (muita dificuldade, média dificuldade, pouca dificuldade). A maioria dos estudantes (11) consideraram que as leituras apresentavam média dificuldade e 5 avaliaram que as leituras apresentavam grande dificuldade. Dessa forma, observa-se que 16 dentre os alunos entrevistados consideraram o nível de dificuldade existente nas leituras exigidas pelo curso até o momento entre os graus médio e muito difícil. É possível afirmar, portanto, que os alunos avaliam a complexidade dos textos trabalhados, considerando que exigem um maior esforço de compreensão por serem mais teóricos e específicos em relação ao curso, em comparação com as leituras que realizavam no ensino médio, por exemplo.

Também se perguntou aos alunos como eles percebiam as atividades de produção textual solicitadas no âmbito do curso, pergunta respondida de modo semelhante em relação à leitura: também 16 alunos avaliaram que a produção textual oferecia entre média (10 estudantes) e grande dificuldade (6). Esses alunos consideraram que as propostas de produção de textos são bastante complexas, inclusive porque lidam com gêneros com os quais muitos deles estão tendo contato pela primeira vez, os gêneros acadêmicos.

Considerando que os estudantes afirmaram que as atividades de produção textual apresentam certo grau de dificuldade, questionamos a orientação recebida da parte dos professores-tutores para realizarem as atividades propostas no decorrer do curso. Dentre os entrevistados, 12 alunos apontaram que ela foi adequada de acordo com as necessidades, no entanto alguns alunos comentaram que a formulação do que é pedido algumas vezes não fica clara, necessitando de mais orientações (08 estudantes consideraram que as orientações recebidas eram insuficientes e geravam dúvidas).

Já a respeito de sua familiaridade com os gêneros acadêmicos mais frequentes apresentados no curso até o momento, a maioria expressiva dos alunos entrevistados (15) classificou como "regular". A partir de suas respostas, é possível constatar certa insegurança no que se refere às suas práticas de leitura e escrita nos diferentes gêneros com os quais lidam no curso. Percebe-se que esses estudantes se encontram em processo de desenvolvimento do letramento acadêmico, ou seja, está em construção a familiaridade necessária para lerem e produzirem gêneros acadêmicos com mais segurança.

Com a continuidade do curso, espera-se que o reconhecimento e compreensão desses gêneros se tornem suficientes para os alunos serem vistos como membros legitimados da comunidade acadêmica. Isso não significa, no entanto, que o desenvolvimento dos letramentos acadêmicos seja um processo estático iniciado no começo do curso e finalizado, pronto e acabado, ao final da graduação. É válido destacar que esses estudantes trazem para esses processos suas experiências e conhecimentos de outras esferas, o que contribui para a percepção de como o letramento é complexo. O letramento dos estudantes parte do conhecimento que eles já dominam.

Nesse sentido, embora com maior ou menor dificuldade, os alunos que lidam pela primeira vez com os gêneros próprios do ambiente acadêmico e do curso a distância, a exemplo do fórum de discussão, por exemplo, podem partir do seu conhecimento do que seria um fórum de discussão numa rede social e assim adaptar seus conhecimentos. Esclarecemos que, baseados nos modelos de abordagem da escrita acadêmica (modelo de habilidades, socialização acadêmica e de letramentos acadêmicos), os estudantes necessitam não apenas compreender a escrita no fórum como se fosse uma "técnica", ou que o professor explicite como devem participar da discussão, mas sobretudo compreender que relações de poder estão implícitas naquela interação e o que essas relações implicam para sua construção como participantes da comunidade acadêmica como um todo, ou seja, como eles se inserem nesse contexto a partir do gênero exemplificado.

Finalmente, gostaríamos de apontar algumas considerações dos alunos quando questionados sobre as principais dificuldades encontradas ao lidar com os diversos gêneros acadêmicos no curso, tanto com relação à leitura quanto à escrita. Sobre isso, destacaremos e comentaremos algumas respostas apresentadas. Uma das queixas mais frequentes e da qual surgem dificuldades, na opinião dos alunos, é a falta de compreensão do que é realmente solicitado pelo professor, ou seja, para eles não fica claro o que o professor deseja ao solicitar alguma tarefa, o que se apresenta como uma contradição, visto que, quando questionadas sobre as orientações das atividades, a maioria (12) as considerou como adequadas.

Outro ponto levantado pelos estudantes é a novidade e complexidade de muitos gêneros. De fato, considerando que alguns deles são novos para os alunos, como o próprio fórum, por exemplo, eles necessitarão de esclarecimentos posteriores para entenderem qual o objetivo e qual a proposta, até porque é interessante o aluno perceber qual é o intuito de fazer determinada tarefa e como ela pode ajudar na construção do seu próprio conhecimento. É importante salientar que tal conhecimento, especialmente com relação à produção de gêneros, não se apreende tão rapidamente, mas faz parte de um processo de letramento amplo e complexo, que não se aprende de uma vez por todas.

Palavras finais

Destacamos neste capítulo a importância da interação entre os participantes da EaD para o desenvolvimento das habilidades necessárias ao processo de formação dos alunos. Além disso, consideramos a relevância de compreender as especificidades dos gêneros, para lidar com eles de maneira a atingir os objetivos comunicativos que se pretende. A partir dos principais itens apontados por Moore como constituintes da interação por meio do gênero fórum educativo, comentamos exemplos de como se realizavam tais itens no fórum analisado. Exemplificando com as interações realizadas nesse fórum, foi possível perceber algumas dificuldades apresentadas pelos alunos de EaD. Notou-se que os alunos algumas vezes não participavam da interação do fórum, não discutindo o tema proposto. Alguns estudantes não sabiam como lidar adequadamente com as diversas informações disponíveis e acessadas como material de leitura, apenas postando nos fóruns os conteúdos, sendo, portanto, em determinados momentos, necessária a intervenção do professor para esclarecer a postura esperada.

Foram discutidas também algumas questões relativas aos resultados de um questionário aplicado aos alunos de EaD, no qual eles avaliaram e comentaram suas próprias práticas de leitura e escrita ao longo do curso. Observamos que a maioria dos estudantes se apresenta em processo de aquisição de familiaridade com os gêneros acadêmicos que ali circulam. Eles consideram o grau de dificuldade na leitura e escrita entre os níveis médio e difícil, refletindo sobre a complexidade apresentada pelos gêneros acadêmicos.

Os estudantes também afirmaram que parte da dificuldade que enfrentam se deve ao fato de lidarem com gêneros novos. Além disso, consideraram que a orientação sobre as tarefas era clara quanto ao que se pede. Quanto a isso, apontamos a necessidade de explicitar o objetivo que as atividades propostas terão na formação dos alunos. Relacionando as considerações realizadas a partir do questionário com a análise dos fóruns, foi possível observar esse processo de familiarização com um gênero novo e a sua compreensão a partir de regulações e orientações ocorridas durante a interação. É notável que esses aspectos fazem parte do processo de desenvolvimento paulatino dos letramentos dos estudantes no contexto acadêmico de um curso de Letras EaD.

Concluímos considerando que a formação de leitores e escritores proficientes depende da contribuição de variados fatores, como por exemplo a aquisição e o desenvolvimento de habilidades específicas, de acordo com os tipos de letramentos a que os alunos são expostos no decorrer de um curso de graduação a distância. Além disso, é preciso atentar para o fato de que a aquisição desses conhecimentos pelos estudantes revela-se como um processo bastante complexo, que requer tempo, prática e persistência.

Referências

ALENCAR, M. C. M. Breve panorama dos estudos de letramento(s) no Brasil: dos alfabetismos aos multiletramentos. *Uniletras*, v. 37, nº 1, p. 123-140, jan./jun. 2015.

ALMEIDA, L. S.; CRUZ, J. F. Transição e adaptação acadêmica: reflexões em torno dos alunos da Universidade do Minho. *In*: CONGRESSO IBÉRICO: ENSINO SUPERIOR EM MUDANÇAS: TENSÕES E POSSIBILIDADES. *Actas* [...]. Braga, Portugal: UM. CIEd, 2010.

ALVERNAZ, S. Práticas de letramento no contexto acadêmico. *In:* CONGRESSO DE LETRAS DA UERJ, 4. *Anais* [...]. São Gonçalo, 2007.

ALVES, S. P. *Os gêneros no livro didático de português:* concepção discursiva ou textual? Dissertação (Mestrado em Estudos da Linguagem) — Universidade Federal Fluminense, Instituto de Letras, 2015.

BARROS, K. S. M.; CRESCITELLI, M. F. C. Prática docente virtual e polidez na interação. *In*: MARQUESI, S. C.; ELIAS, V. M. S.; CABRAL, A. L. T. (org.). *Interações virtuais:* perspectivas para o ensino de língua portuguesa a distância. São Carlos: Claraluz, 2008. p. 73-89.

BARTHOLOMAE, D. Inventing the University. *In*: ROSE, M. (ed.). *When a Writer Can't Write:* Studies in Writer's Block and Others Composing Process Problems. New York: Guilford Press, 1985. p. 273-285.

BARTON, D. *Literacy*: An Introduction to the Ecology of Written Communication. Oxford: Blackwell, 1994.

BARTON, D.; HAMILTON, M. *Local Literacies*. London: Routledge, 1998.

BARTON, D.; HAMILTON, M. Literacy, Reification and the Dynamics of Social Interaction. *In*: BARTON, D.; TUSTING, K. (ed.). *Beyond Communities of Practice*: Language, Power and Social Context. Cambridge University Press, 2005.

BAWARSHI, A.; REIFF, M. *Gênero*: história, teoria, pesquisa, ensino. Trad.: B. Bezerra. São Paulo: Parábola Editorial, 2013.

BAZERMAN, C. Atos de fala, gêneros textuais e sistemas de atividades: como os textos organizam atividades e pessoas. *In*: BAZERMAN, C. *Gêneros textuais, tipificação e interação*. São Paulo: Cortez, 2005. p. 19-46.

BAZERMAN, C. *Escrita, gênero e interação social*. São Paulo: Cortez, 2007.

BAZERMAN, C. *Gênero, agência e escrita*. 2. ed. São Paulo: Cortez, 2011.

BAZERMAN, C. The Diversity We Become: Education and Agency in Writing Unique Selves Within Evolving Communities. *Triângulo*, v. 2, nº 1, p. 13-29, jan. /jun. 2009.

BAZERMAN, C. The Life of Genre, the Life in the Classroom. *In*: BISHOP, W.; OSTROM, H. (ed.). *Genre Writing:* Issues, Arguments, Alternatives. Portsmouth: Boynton-Cook Publishers/Heinemann, 1997. p. 19-26.

BERKENKOTTER, C.; HUCKIN, T. N. *Genre Knowledge in Disciplinary Communication*: Cognition, Culture, Power. Hillsdale: LEA, 1995.

BEZERRA, B. G. *Gêneros no contexto brasileiro:* questões (meta)teóricas e conceituais. São Paulo: Parábola Editorial, 2017.

BEZERRA, B. G. Leitura e produção de gêneros acadêmicos em cursos de especialização. *In:* XXIII JORNADA NACIONAL DE ESTUDOS LINGUÍSTICOS, 23. *Anais* [...]. Teresina: UFPI, 2010. p. 138-150.

BEZERRA, B. G. Letramentos acadêmicos na perspectiva dos gêneros textuais. *Fórum Linguístico*, Florianópolis, v. 9, nº 4, p. 247-258, out./dez. 2012.

BEZERRA, B. G. Conjuntos e sistemas de gêneros dos estudantes em EaD. Trabalho apresentado no 4º Simpósio de Hipertexto e Tecnologias na Educação. Recife: 15 de novembro de 2012.

BEZERRA, B. G. *O gênero como ele é (e como não é).* São Paulo: Parábola Editorial, 2022.

BEZERRA, B. G. Usos da linguagem em fóruns de EaD. *Investigações*, v. 24, nº 2, p. 11-33, jul. 2011.

BEZERRA, B. G.; LÊDO, A. C. O. O gênero *webquest* e os gêneros na *webquest*: caracterização e discussão. Trabalho apresentado no 4º Simpósio de Hipertexto e Tecnologias na Educação. Recife: 14 de novembro de 2012.

BEZERRA, B. G.; LÊDO, A. C. O. Gêneros acadêmicos e processos de letramento no ensino superior. *In*: PEREIRA, R. C. M. (org.). *Escrita na universidade*: panoramas e desafios na América Latina. João Pessoa: Ed. da UFPB, 2018. p. 173-205.

BHATIA, V. K. *Analyzing Genre*: Language Use in Professional Settings. London: Longman, 1993.

BHATIA, V. K. *Worlds of written discourse*: a Genre-Based View. Londres: Continuum, 2004.

BORGES, F. G. B. Os gêneros textuais em cena: uma análise crítica de duas concepções de gêneros textuais e sua aceitabilidade na educação no Brasil. *RBLA*, v. 12, nº 1, p. 119-140, 2012.

BRUM, M. H.; FUZER, C. Representações de letramento na BNCC para o ensino fundamental nos componentes curriculares Língua Portuguesa e Língua Inglesa. *Horizontes de Linguística Aplicada*, ano 18, nº 1, p. 161-184, 2019.

CAMPOS, K. R. Estratégias de interação em ambiente virtual de aprendizagem: o fórum educacional. *In*: MARQUESI, S. C.; ELIAS, V. M. S.; CABRAL, A. L. T. (org.). *Interações virtuais:* perspectivas para o ensino de língua portuguesa a distância. São Carlos: Editora Claraluz, 2008. p. 93-104.

CASTELLÓ, M.; CORCELLES, M.; IÑESTA, A.; BAÑALES, G.; VEGA, N. La voz del autor en la escritura académica: una propuesta para su análisis. *Signos*, v. 44, nº 76, p. 105-117, 2011.

CAVALCANTE, M. M.; CUSTÓDIO FILHO, V. Revisitando o estatuto do texto. *Revista do GELNE*, v.12, nº 2, p. 56-71, 2010.

CHAROLLES, M. Coherence as a Principle of Interpretability of Discourse. *Text*, v. 3, nº 1, p. 71-98, 1983.

COSSON, R. *Letramento literário:* teoria e prática. São Paulo: Contexto, 2006.

DANTAS, D. *Blogs* como eventos de letramento. *In*: CONGRESSO DE LEITURA DO BRASIL, 15. *Anais* [...]. Campinas: Unicamp, 2005.

DEVITT, A. J. *Writing Genres.* Carbondale: Southern Illinois University Press, 2004.

DEVITT, A. J. Teaching Critical Genre Awareness. *In*: BAZERMAN, C.; BONINI, A.; FIGUEIREDO, D. (ed.). *Genre in a Changing World.* Fort Collins/West Lafayette: The WAC Clearinghouse/Parlor Press, 2009. p. 337-351.

DEVITT, A. J. O ensino da consciência crítica de gêneros. *In*: LÊDO, A. C. O.; BEZERRA, B. G. *Gêneros textuais/discursivos e consciência crítica*: a tríplice pedagogia de Amy Devitt. São Carlos: Pedro & João Editores, 2025. p. 15-34.

DIONÍSIO, M. L.; FISCHER, A. Literacia(s) no ensino superior: configurações em práticas de investigação. *In*: CONGRESSO IBÉRICO "ENSINO SUPERIOR EM MUDANÇA: TENSÕES E POSSIBILIDADES". *Actas* [...]. Braga: CIEd, 2010. p. 289-300.

DOLZ, J.; NOVERRAZ, M.; SCHNEUWLY, B. Sequências didáticas para o oral e a escrita: apresentação de um procedimento. *In*: SCHNEUWLY, B.; DOLZ, J. *Gêneros orais e escritos na escola*. São Paulo: Mercado de Letras, 2004. p. 95-128.

FIGUEIREDO, D. C.; BONINI, A. Práticas discursivas e ensino do texto acadêmico: concepções de alunos de mestrado sobre a escrita. *Linguagem em (Dis)curso*, v. 6, nº 3, p. 413-446, set./dez. 2006.

FISCHER, A. O gênero resumo no curso de Letras: eventos de letramento em discussão. *In:* SIMPÓSIO INTERNACIONAL DE ESTUDOS DE GÊNEROS TEXTUAIS, 4. *Anais* [...]. Tubarão: UNISUL, 15 a 18 de agosto de 2007.

FISCHER, A. Letramento acadêmico: uma perspectiva portuguesa. *Acta Scientiarum:* Language and Culture, v. 30, nº 2, 2008.

FISCHER, A. Os usos da língua na construção de sujeitos letrados: relações entre a esfera escolar e acadêmica. *Acta Scientiarum:* Language and Culture, v. 32, nº 2, 2010.

FISCHER, A.; DIONÍSIO, M. L. Literacia(s) no ensino superior: configurações em práticas de investigação. *In:* CONGRESSO IBÉRICO. ENSINO SUPERIOR EM MUDANÇAS: TENSÕES E POSSIBILIDADES. *Actas* [...]. UM. CIEd. Braga, Portugal, 2010.

HALL, S. Quem precisa de identidade? *In*: SILVA, T. T. (Org). *Identidade e diferença:* a perspectiva dos estudos culturais. 12. ed. Petrópolis: Vozes, 2012. p. 103-133.

HAMILTON, M. Expanding the New Literacy Studies. *In*: BARTON, D.; HAMILTON, M.; IVANIČ, R. (org.). *Situated Literacies:* Reading and Writing in Context. New York: Routledge, 2000. p. 16-34.

HEATH, S. B. *Ways with Words:* Language, Life and Work in Communities and Classrooms. Cambridge: Cambridge University Press, 1983.

HOFFNAGEL, J. C. Gêneros discursivos e a universidade. *In*: HOFFNAGEL, J. C. *Temas em antropologia e linguística*. Recife: Bagaço, 2010. p. 273-282.

HOFFNAGEL, J. C. A narrativa como lugar da expressão de identidade social. *In*: HOFFNAGEL, J. C. *Temas em antropologia e linguística*. Recife: Bagaço, 2010. p. 63-79.

IVANIČ, R. *Writing and Identity*: The Discoursal Construction of Identity in Academic Writing. Amsterdam/Philadelphia: John Benjamins, 1998.

KERN, R. Literacy and Language Teaching. Oxford, UK: Oxford University Press, 2000.

LEA, M. R.; STREET, B. V. Student Writing in Higher Education: An Academic Literacies Approach. *Studies in Higher Education*, v. 23, nº 2, p. 157-172, jun. 1998.

LEA, M. R.; STREET, B. V. The "Academic Literacies" Model: Theory and Applications. *Theory Into Practice*, v. 45, nº 4, p. 368-377, 2006.

LÊDO, A. C. O. *Letramentos acadêmicos:* práticas e eventos de letramento na educação à distância. Dissertação (Mestrado em Letras/Linguística) — Universidade Federal de Pernambuco, 2013.

LIMA, F. R. Estudos sobre alfabetização e letramento no Brasil: gêneses, desenvolvimentos e aplicações no ensino. *Cadernos Cajuína*, v. 4, nº 1, 2019, p. 119-137.

LIMA-NETO, V.; BEZERRA, B. G. Pesquisas sobre gêneros na escola: o que fazemos nos programas de pós-graduação em estudos linguísticos do Nordeste brasileiro? *Domínios de Lingu@gem*, Uberlândia, v. 19, p. 1-33, 2025.

MACHADO, N. C. F. *Estudo das trajetórias de letramento em cursos de educação a distância:* o texto, o papel e a tela do computador. Tese. (Doutorado em Informática na Educação) — Universidade Federal do Rio Grande do Sul, Porto Alegre, 2009.

MAFRA, G. M.; SEMECHECHEM, J. A.; MELLO, C. J. A. Conceitos de letramento(s) na base nacional comum curricular do ensino fundamental. *Revista da Abralin*, v. 21, nº 2, p. 406-430, 2022.

MARCUSCHI, L. A. *Produção textual, análise de gêneros e compreensão*. São Paulo: Parábola Editorial, 2008.

MARCUSCHI, L. A. Gêneros textuais: definição e funcionalidade. *In*: DIONISIO, A. P.; MACHADO, A. R.; BEZERRA, M. A. (Orgs.). *Gêneros textuais e ensino*. São Paulo: Parábola Editorial, 2010. p. 19-36.

MARCUSCHI, L. A. Letramento e oralidade no contexto das práticas sociais e eventos comunicativos. Conferência apresentada no II Congresso Internacional da ABRALIN. Fortaleza/CE, 14 a 17 de março de 2001.

MILLER, C. R. Gênero como ação social. *In*: MILLER, C. R. *Estudos sobre gênero textual, agência e tecnologia*. Recife: Ed. Universitária da UFPE, 2009. p. 21-44.

MOITA LOPES, L. P. *Identidades fragmentadas:* a construção discursiva de raça, gênero e sexualidade em sala de aula. Campinas: Mercado de Letras, 2002.

NEVES, C. A. B.; BUNZEN, C. S. Letramentos literários na contemporaneidade: criticidade e subversão. *Trabalhos em Linguística Aplicada*, v. 60, nº 3, p. 608-611, set./dez. 2021.

OLIVEIRA, E. F. Letramento acadêmico: principais abordagens sobre a escrita dos alunos no ensino superior. *In*: CONGRESSO DE LEITURA, 17. *Anais* [...]. Campinas: Unicamp, 20 a 24 de julho de 2009.

OLIVEIRA, E. F. Letramento acadêmico: principais abordagens sobre a escrita dos alunos do ensino superior. *In:* ENCONTRO MEMORIAL DO INSTITUTO DE CIÊNCIAS HUMANAS E SOCIAIS, 2. *Anais* [...]. Mariana-MG, UFOP, 2010.

NININ, M. O. G. Paráfrases na escrita acadêmica: o dilema da colcha de retalhos. *Linguagem em (Dis)curso*, Tubarão, SC, v. 25, p. 1-18, 2025.

OTTONI, M. A. R.; DIAS, E.; MARINE, T. C. Apresentação: resultados de pesquisas desenvolvidas no Profletras: caminhos possíveis. *Letras & Letras*, v. 32, nº 2, p. 7-15, jul./dez. 2016.

OTTONI, M. A. R.; DIAS, E.; MARINE, T. C. Apresentação: resultados de pesquisas desenvolvidas no Profletras: possibilidades de intervenção. *Letras & Letras*, v. 33, nº 1, p. 7-15, jan./jul. 2017.

PIMENTEL, R. L. *Diálogos, caracterização e contribuições dos estudos de gêneros em teses e dissertações no Brasil.* 2019. Tese (Doutorado em Letras/Linguística) — Universidade Federal de Pernambuco, 2019.

PIMENTEL, R. L. Gêneros textuais em fascículos digitais de EaD: apropriação e trabalho pedagógico. Trabalho apresentado no 4º Simpósio de Hipertexto e Tecnologias na Educação. Recife: 14 de novembro de 2012.

RAMIRES, V. *Gêneros textuais e produção de resumos nas universidades.* Recife: EDUFRPE, 2008.

RIOS, G. *Literacy discourses:* A Sociocultural Critique in Brazilian Communities. Saarbrücken: Verlag Dr. Müller, 2009.

RUSSELL, D. R.; LEA, M.; PARKER, J.; STREET, B.; DONAHUE, T. Exploring Notions of Genre in "Academic Literacies" and "Writing Across the Curriculum": Approaches Across Countries and Contexts. *In*: BAZERMAN, C.; BONINI, A.; FIGUEIREDO, D. (ed.). *Genre in a Changing World*. Fort Collins: The WAC Clearinghouse/West Lafayette: Parlor Press, 2009. p. 395-423.

SANTOS, L. I. S. Unidades mato-grossenses do Profletras: abrangência, resultados e perspectivas. *Letras & Letras*, v. 32, nº 2, p. 16-45, jul./dez. 2016.

SANTOS, Z. C. *Mestrado profissional em letras:* contribuições à formação docente no discurso dos egressos da Universidade Federal do Pará. Dissertação (Mestrado em Educação) — Instituto de Ciências da Educação, Universidade Federal do Pará, Belém, 2018.

SILVA, A. A. O ensino de leitura em dissertações do Profletras: radiografia de propostas de intervenção na educação básica. *Odisseia*, v. 6, nº 1, p. 111-131, 2021.

SILVA, C.; GONÇALVES, A. V. Principais vertentes dos estudos do letramento no Brasil. *Texto Livre*, v. 14, nº 1, p. e29164, 2021.

SILVA, T. T. A produção social da identidade e da diferença. *In*: SILVA, T. T. (org.). *Identidade e diferença*: a perspectiva dos estudos culturais. 12. ed. Petrópolis: Vozes, 2012. p. 73-102.

SILVA, W. R. Fortalecimento de letramentos de professoras: um estudo no Mestrado Profissional em Letras. *Letras & Letras*, vol. 32, nº 2, p. 314-337, jul./dez. 2016.

SMANIOTTO, G. C. A produção de gêneros acadêmicos nos cursos de formação de professores a distância: velhos gêneros, novas práticas e contextos. CIELLI, 1. *Anais* [...]. Maringá, PR, 9, 10 e 11 de junho de 2010.

STREET, B. V. *Literacy in Theory and Practice.* Cambridge: Cambridge University Press, 1984.

STREET, B V. Perspectivas interculturais sobre o letramento. *Revista de Filologia e Linguística Portuguesa*, nº 8, p. 465-488, 2007.

STREET, B. V. Academic Literacies Approaches to Genre? *Revista Brasileira de Linguística Aplicada*, v. 10, nº 2, p. 347-361, 2010.

STREET, B. V. Literacy and Multimodality. *STIS Lecture*: Inter-Disciplinary Seminars Laboratório SEMIOTEC. Belo Horizonte: FALE/UFMG, 2012.

SWALES, J. M. *Genre Analysis*: English in Academic and Research Settings. Cambridge: Cambridge University Press, 1990.

SWALES, J. M. *Research Genres*: Exploration and Applications. Cambridge: Cambridge University Press, 2004.

TARDY, C. M. *Beyond Convention*: Genre Innovation in Academic Writing. Ann Arbor: University of Michigan Press, 2016.

VALLE, M. C.; SAMPAIO, T. F.; ALVES, R. C. D. O Profletras e a construção colaborativa de conhecimentos teóricos e práticos no âmbito do ensino de língua portuguesa. *Pensares em Revista*, nº 31, p. 8-32, 2024.

VIEIRA, A. R. F. *O seminário*: um evento de letramento escolar. 2005. Dissertação (Mestrado em Letras/Linguística) — Universidade Federal de Pernambuco, Recife, 2005.

WOODWARD, K. Identidade e diferença: uma introdução teórica e conceitual. *In*: SILVA, T. T. (org). *Identidade e diferença*: a perspectiva dos estudos culturais. 12. ed. Petrópolis: Vozes, 2012. p. 7-72.

O Autor e a Autora

Amanda Cavalcante de Oliveira Lêdo cursou Licenciatura em Letras pela Universidade de Pernambuco (UPE, *Campus* Garanhuns) (2007-2010) e Mestrado em Letras/Linguística pela Universidade Federal de Pernambuco (UFPE) (2011-2013). Concluiu o doutorado em Letras/Linguística também pela Universidade Federal de Pernambuco (UFPE) (2014-2017). Atualmente, é professora do curso de Letras da UPE (*Campus* Mata Norte) e docente permanente do Programa de Mestrado Profissional em Letras (Profletras). Realiza atividades de pesquisa, ensino e extensão sobre leitura e escrita de textos acadêmicos. É vice-líder do Grupo de Pesquisa Práticas Discursivas, Interação Social e Ensino (DISCENS). Desenvolve pesquisas principalmente sobre gêneros textuais/discursivos, letramentos acadêmicos, Educação a Distância (EaD), identidades sociais e livro didático de língua portuguesa. E-mail: amanda.ledo@upe.br.

Benedito Gomes Bezerra é graduado em Letras e especialista em Descrição da Língua Portuguesa pela Universidade Estadual do Ceará (1996 e 1998 respectivamente), mestre em Linguística pela Universidade Federal do Ceará (2001) e doutor em Letras/Linguística pela Universidade Federal de Pernambuco (2006). Realizou estágio pós-doutoral no Poslin/UFMG (2020-2021). Atualmente é professor da Universidade de Pernambuco (UPE), *Campus* Mata Norte, e da Universidade Católica de Pernambuco (Unicap). Atua no Programa de Mestrado Profissional em Letras (Profletras/UPE) e no Programa de Pós-Graduação em Ciências da Linguagem (PPGCL/Unicap). É membro do GT Gêneros Textuais/Discursivos da Anpoll. Foi coordenador do Profletras/UPE (2013-2017) e do PPGCL (2018-2019). Foi membro do Conselho Gestor (nacional) do Profletras (2016-2017). Desenvolve projetos de pesquisa em Teoria e Análise de Gêneros, atuando principalmente nos seguintes temas: análise de gêneros acadêmicos, leitura e escrita na Universidade e letramentos acadêmicos. Bolsista de Produtividade FACEPE/CNPq. E-mail: beneditobezerra@gmail.com.

Coleção LinguaGEM

1. *Português ou brasileiro? Um convite à pesquisa*, Marcos Bagno
2. *Linguagem & comunicação social*, Manoel Luiz Gonçalves Corrêa
3. *Por uma linguística crítica*, Kanavillil Rajagopalan
4. *Educação em língua materna: a sociolinguística na sala de aula*, Stella Maris Bortoni-Ricardo
5. *Sistema, mudança e linguagem*, Dante Lucchesi
6. *"O português são dois"*, Rosa Virgínia Mattos e Silva
7. *Ensaios para uma sócio-história do português brasileiro*, Rosa Virgínia Mattos e Silva
8. *A linguística que nos faz falhar*, Kanavillil Rajagopalan & Fábio Lopes da Silva [orgs.]
9. *Do signo ao discurso*, Inês Lacerda Araújo
10. *Ensaios de filosofia da linguística*, José Borges Neto
11. *Nós cheguemu na escola, e agora?*, Stella Maris Bortoni-Ricardo
12. *Doa-se lindos filhotes de* poodle, Maria Marta Pereira Scherre
13. *A geopolítica do inglês*, Yves Lacoste [org.]
14. *Gêneros*, José Luiz Meurer, Adair Bonini & Désirée Motta-Roth [orgs.]
15. *O tempo nos verbos do português*, Mª Luiza M. S. Corôa
16. *Considerações sobre a fala e a escrita*, Darcilia Simões
17. *Princípios de linguística descritiva*, Mário A. Perini
18. *Fundamentos empíricos para uma teoria da mudança linguística*, U. Weinreich, W. Labov & M. I. Herzog
19. *Por uma linguística aplicada indisciplinar*, Luiz P. da Moita Lopes
20. *Origens do português brasileiro*, Anthony Julius Naro & Maria Marta Pereira Scherre
21. *Introdução à gramaticalização*, Sebastião C. L. Gonçalves, Mª Célia Lima-Hernandes & Vânia Cristina Casseb-Galvão [orgs.]
22. *O acento em português*, Gabriel Antunes de Araújo [org.]
23. *Sociolinguística quantitativa*, Gregory R. Guy & Ana Mª S. Zilles
24. *Metáfora*, Tony Berber Sardinha
25. *Norma culta brasileira*, Carlos Alberto Faraco
26. *Padrões sociolinguísticos*, William Labov
27. *Gênese dos discursos*, Dominique Maingueneau
28. *Cenas da enunciação*, Dominique Maingueneau
29. *Estudos de gramática descritiva*, Mário A. Perini
30. *Caminhos da linguística histórica*, Rosa Virgínia Mattos e Silva
31. *Limites do discurso*, Sírio Possenti
32. *Questões para analistas do discurso*, Sírio Possenti
33. *Linguagem & diálogo*, Carlos Alberto Faraco
34. *Nomenclatura Gramatical Brasileira*, Claudio Cezar Henriques
35. *Língua na mídia*, Sírio Possenti
36. *Malcomportadas línguas*, Sírio Possenti
37. *Linguagem. Gênero. Sexualidade*, Ana Cristina Ostermann & Beatriz Fontana [orgs.]
38. *Em busca de Ferdinand de Saussure*, Michel Arrivé
39. *A noção de "fórmula" em análise do discurso*, Alice Krieg-Planque
40. *Geolinguística*, Suzana Alice Marcelino Cardoso
41. *Doze conceitos em análise do discurso*, Dominique Maingueneau
42. *O discurso pornográfico*, Dominique Maingueneau
43. *Falando ao pé da letra*, Roxane Rojo
44. *Nova pragmática*, Kanavillil Rajagopalan
45. *Bakhtin desmascarado*, Jean-Paul Bronckart & Cristian Bota
46. *Gênero textual, agência e tecnologia*, Carolyn R. Miller
47. *Linguística de texto: o que é e como se faz?*, Luiz A. Marcuschi
48. *A gramática passada a limpo*, Maria Helena de Moura Neves
49. *O sujeito em peças de teatro (1833-1992)*, Maria Eugênia Lammoglia Duarte [org.]
50. *Português no século XXI*, Luiz Paulo da Moita Lopes [org.]
51. *Da linguística formal à linguística social*, Roberto G. Camacho
52. *Estudos do discurso*, Luciano Amaral Oliveira [org.]
53. *Gênero – história, teoria, pesquisa, ensino*, Anis B. Bawarshi & Mary Jo Reiff
54. *Introdução à teoria enunciativa de Benveniste*, Valdir do N. Flores
55. *Linguística aplicada na modernidade recente*, Luiz Paulo da Moita Lopes [org.]
56. *Gramáticas contemporâneas do português*, Maria Helena de Moura Neves & Vânia Cristina Casseb-Galvão
57. *Letramentos sociais, na etnografia e na educação*, Brian V. Street
58. *A ordem das palavras no português*, Erotilde Goreti Pezatti
59. *Frases sem texto*, Dominique Maingueneau
60. *Espanhol e português brasileiro*, Adrián Pablo Fanjul & Neide Maia González [orgs.]
61. *Sujeitos em ambientes virtuais*, Maria Cecilia Mollica, Cynthia Patusco & Hadinei Ribeiro Batista [orgs.]
62. *Vološinov e a filosofia da linguagem*, Patrick Sériot
63. *A história das línguas*, Tore Janson
64. *Discurso e análise do discurso*, Dominique Maingueneau
65. *Sobre a fala dialogal*, Lev Jakubinskij
66. *Retórica da ação letrada*, Charles Bazerman
67. *Teoria da ação letrada*, Charles Bazerman
68. *Unidade e variação na língua portuguesa*, André C. Valente
69. *Linguística funcional*, Maria Angélica Furtado da Cunha, Mariangela R. de Oliveira & Mário Eduardo Martelotta [orgs.]
70. *O texto e seus conceitos*, Ronaldo de Oliveira Batista [org.]
71. *Gramáticas brasileiras*, Carlos A. Faraco & Francisco E. Vieira [orgs.]
72. *Saussure, o texto e o discurso*, Marcio Alexandre Cruz, Carlos Piovezani & Pierre-Yves Testenoire [orgs.]
73. *O efeito Saussure*, Carlos Alberto Faraco [org.]
74. *Dinâmicas funcionais da mudança linguística*, Marcos Bagno, Vânia Casseb-Galvão & Tânia F. Rezende [orgs.]
75. *Gêneros no contexto brasileiro*, Benedito Gomes Bezerra
76. *A pessoa no discurso*, Adrián Pablo Fanjul
77. *O todo da língua*, Vânia Casseb-Galvão & Maria Helena de Moura Neves [orgs.]
78. *Saussure e Benveniste no Brasil*, Valdir do Nascimento Flores
79. *Mikhail Bakhtin*, Alastair Renfrew
80. A *gramática tradicional – História crítica*, Francisco E. Vieira
81. *Filologia, história e língua – Olhares sobre o português medieval*, Leonardo Lennertz Marcotulio; Célia Regina dos Santos Lopes; Mário Jorge da Motta Bastos & Thiago Laurentino de Oliveira
82. *Qual política linguística? Desafios glotopolíticos contemporâneos*, Xoán Carlos Lagares
83. *Análise de discurso crítica – para linguistas e não linguistas*, José Ribamar Lopes Batista Jr.; Denise Tamaê Borges Sato & Iran Ferreira de Melo [orgs.]
84. *A linguística, o texto e o ensino da língua*, José Carlos Azeredo
85. *Língua portuguesa – Tradições e modernidade*, Tania Maria N. de L. Camara; Denise S. Santos; Flávio de A. Barbosa & Alexandre do A. Ribeiro [orgs.]
86. *Objeto Língua – Inéditos e revisitados*, Marcos Bagno
87. *NURC – 50 anos*, Miguel Oliveira Jr. [org.]
88. *O dialeto caipira*, Amadeu Amaral
89. *Variações sobre o ethos*, Dominique Maingueneau
90. *O sujeito gramatical no português brasileiro – expressão, concordância, ergatividade e afetamento*, Vânia Cristina Casseb-Galvão; Gian Luigi De Rosa; Kleber Aparecido Silva & Lennie Aryete Pereira Bertoque [org.].
91. *História das línguas, história da linguística – homenagem a Carlos Alberto Faraco*, Marcos Bagno e Francisco E. Vieira [org.]
92. *O português daqui, dali e de lá – por uma língua que nos una*, Denise Salim dos Santos & Flávio de Aguiar Barbosa [org.]
93. *Constelação de gêneros – a construção de um conceito*, Júlio Araújo
94. *Discurso e (pós)verdade*, Luzmara Curcino, Vanice Sargentini & Carlos Piovezani [org.]
95. *Linguagem "neutra": língua e gênero em debate*, Fábio Ramos B. Filho & Gabriel de Ávila Othero [org.]
96. *O que sabemos sobre a linguagem*, Gabriel de Ávila Othero, Valdir do Nascimento Flores [org.]
97. *O gênero como ele é (e como não é): conceitos e aplicações*, Benedito Gomes Bezerra
98. *Estudos queer em linguística aplicada indisciplinar: gênero, sexualidade, raça e classe*, Luiz Paulo da Moita Lopes, Clarissa Rodrigues Gonzalez, Glenda Cristina Valim de Melo, Thayse Figueira Guimarães [orgs.]
99. *Enunciados aderentes*, Dominique Maingueneau
100. *Crítica à análise crítica do discurso*, Luciano Amaral Oliveira
101. *Portuñhol: ¿qué es? como se faz?*, Francisco Calvo del Olmo, Xoán Carlos Lagares [orgs.]
102. *Língua portuguesa: memória, temas e conexões*, Denise Salim Santos [org.]
103. *O discurso e as emoções: medo, ódio, vergonha e outros afetos*, Carlos Piovezani, Luzmara Curcino, Vanice Sargentini [orgs.]

Esta obra foi composta em Warnock 12/16
e impressa em papel Off White 80g
para a **Parábola Editorial** em novembro de 2025.

Impressão e acabamento:
Forma Certa